日本財政を斬る

国債マイナス金利に惑わされるな

米澤潤一 著

まえがき

わが国財政が破綻に瀕していることが叫ばれ続けて久しい。いわく、「家計にたとえれば年間六〇〇万円の収入で支出九六〇万円超の生活を続けている結果、手取り年収二〇年分のローン残高を抱えている状態」とか、「政府の債務残高が、G7諸国中唯一国内総生産（GDP）の二倍を大きく超え、あのギリシャ（一・九倍）よりも数字の上ではずっと悪い」とか、「国民の虎の子の貯蓄もそのほとんどが政府の借金に回ってしまっている」とか、耳にタコができるほど聞かされ、書店の棚には国債暴落Xデーなどに関するセンセーショナルな題名の書物が並んでいる。にもかかわらず、国民一般にさほどの切迫感がある様子はない。「だからどうだというの」「財政が苦しかろうがどうであろうが、差し当り私の生活には関係ない。むしろそんなことをいって税金を上げられたり、年金を減らされたりするのが困る」という空気がいまだに支配的である。

しかし、財政はだれのものか？　いうまでもなく国民のものである。古今東西の実例が示す通り、国家財政の破綻は、大増税か、悪性インフレか、貯金が返ってこなくなるのかなど、態様は様々であるにしても、国民生活の破綻そのものである。現状、もう一刻の猶予もないほどその危機が迫っているのに、そのことが共通の認識として広く国民に共有されなければ、ここから脱出するための長くて辛い道は開けない。

「ローマは一日にして成らず」というのは本来良いことに使うたとえで、こういう時に使うのは逆であろうが、制度としては世界でも最も厳しい財政節度が法定されているはずの日本で、財政がここまで悪くなったのには長い長い物語がある。何度も「これではいかん」と財政再建のための努力が試みられた。しかしながらこれがことごとく挫折し、禁煙に失敗した人が前よりひどいヘビースモーカーになるがごとく、さらなる悪化をみた歴史の繰り返しである。この財政危機状態から脱するために、今後何をなすべきか、何をしてはならないか、温故知新、教訓は歴史の中にある。

国債はその財政の収支の差額であり、その来し方をたどることで、最も端的に財政の歴史を知ることができる。しかし国債の持つ意味はそれだけに止まらない。

国債は国の借金であり、何らかの金融的メカニズムを通じて国が国民の貯蓄を吸収する手段である。逆に金融市場の側からみれば、信用力・流動性ともに優れた金融商品が市場に提供されるということでもある。戦後の国債発行が再開された昭和四〇年度の金融資本市場は、まだ戦前を引きずっているような、分野・制度によってはむしろ戦前よりも退化した、鎖国的で、カルテル体質の規制市場であった。それが今日のように過度にまで自由化、高度情報化、グローバル化した金融資本市場に発展するについては、やはり半世紀にわたる長い波瀾万丈の物語がある。しかもわが国においては、昭和四〇年代「御用金」とまで悪口をいわれていた国債が、次第にこの市場の発展を牽引する原動力に脱皮していった。従って、わが国金融資本市場発展の歴史を知る上でも、やはり国債の歴史が重要な道しるべとなる。

筆者は、国債発行開始の二年前に旧大蔵省（現財務省、以下本文でも当時の名称で大蔵省と表示）入省後、三〇年余の同省生活の大部分を何らかの意味で国債に関わる仕事に携わり、日本国債の重要な歴史の節目節目を現場で直接つぶさに見聞してきた。退官後も日本銀行理事として今度は対岸から国債を観察したり、大学院の客員教授などとして、引き続き日本国債というテーマに取り組んできた。そうした「語り部」の一人としてこの歴史の教訓を語り継ぎたいと考えている。

そこで平成二四年一一月からまる一年にわたり、金融ファクシミリ新聞に「国債の戦後史　財政・金融」と題して、国債の来し方を長期連載し、完結後の二五年一二月これを、一般社団法人金融財政事情研究会から『国債膨張の戦後史』という単行本として出版した。国債の現状と将来展望に関心をお持ちの読者に対し、財務省その他から提供されている情報や国債をテーマとする多くの既存の書物とはやや趣向を変えて、こうした国債の移り変わりについて、その背後にある時代背景とこれに対する当局の考え方や政策意図を、時には示唆に富むエピソードも交えて紹介し、歴史の中にある教訓を探って頂く一助としようと意図したところであった。参考文献や関係資料の収録も充実し、さらに突っ込んで研究したいと思われる読者の便宜にも資するように努めた。

幸い、主にこのテーマに地理感のある読者からご好評を博し、冨田俊基先生、高田創先生はじめ、オピニオンリーダーの方々からの有難い書評も頂いた。アマゾンのカスタマーレビューでも好意的なコメントが載っている。

ただ、何分時の流れに沿った解説調歴史物で、数字が多くてやや硬く、今一つアクセントが不足している嫌いがあるとか、もともとが新聞の連載で毎回の字数に制限があったために十分に意を尽くせなかった面もあるなど、反省点も多々出てきた。

そこで平成二七年一〇月金融ファクシミリ新聞に、国債発行五〇周年記念の短期集中連載を載せたのを契機に、今回、研究者のみならず国債の取引に関わっておられる実務家はじめ幅広い読者層を対象として、自由な物語風にまとめてみた。時系列的に歴史を追うのではなく、例えば財政規律喪失と戦争の記憶の風化というような社会的風潮の関連とか、ニクソン・ショック以来の世界経済環境、外圧がわが国財政に及ぼした影響（いわゆる二つのコクサイ化が実は相互に関連していること）とか、国債市場の参加者相互間の利害対立、葛藤が市場発展にどのように影響したかとか、政治や政府各省庁の力学が財政にどのように作用したかなど、テーマごとに、歴史の節目節目で主要アクターがいかに行動したか、どんな言論があったかなどを具体的事実に基づいて考証し、今では知る人も少ない象徴的なエピソードや、筆者しか語らない秘話もできるだけ織り交ぜた類書にない〝読み物〟とした。

実務家にとっては、毎日毎日売り買いして、その相場動向に一喜一憂している日本国債という商品が、実はどんな経緯で誕生し、どんな意味を持ち、どんな生い立ちをたどって今日に至ったのかを知って頂ければ、日々の仕事の対象である国債に新たな愛着が湧いてくるのではないかと期待しており、またこれまで財政や国債などに関心の薄かった読者には、こうした物語を通じて興味を持って頂き、破綻寸前の危機に瀕している財政の現状認識と危機感、そして今後進むべき道についての理解が共有される一助となることを願うものである。

本書の構成は、「第一章　日本の国債発行を制限している厳しい制度と運用の現実」「第二章　国債発行・流通市場（その一）—誕生から暗黒時代まで—」「第三章　国債発行・流通市場（その二）—市場発展の原動力—」「第四章　国債残高膨張をもたらしたもの」「第五章　財政は誰のものか、進むべき道」の五章からなるが、各章の概要ないし狙いは以下の通りである。

第一章では、今日のような財政破綻状態を招いたのは、予算や財政の制度に欠陥があったせいではなくその運用にあったことを、歴史的事実や関係者の言などに基づき、様々な観点から検証する。わが国の財政法は、制定当時の立法当事者自身の解説によれば、軍事公債の反省から憲法第九条と表裏一体のものとして、世界でも最も厳しい財政規律を規定していた。これに基づき戦後二〇年間均衡財政が堅持されていたものが、その後奇しくも一〇年ごとに特例法という形でタブーが破られていった。この歴史を、知られざるエピソードも交えながら概観する。

第二章と第三章では、日本国債の消化、市場発展の歴史の中から学ぶべき教訓を探る。先ず第二章では、草創期の原始的国債消化の実態を示し、これが国債の大量発行などで次第に維持不能となり、ついにロクイチ国債騒動に始まる国債暗黒時代に至った過程を紹介する。ここで特に強調したいのは、ロクイチ騒動が単なる過去の物語ではなく、将来日本国債への信認が失われた暁には、従来と比較にならないほどの深刻さで再現しかねない危機であり、現にその危機のマグマは溜まっているということである。国債暗黒時代からの脱却のためには財政再建のために、長く、血の出るような努力が必要であった。これを踏まえて、将来への教訓は正攻法で地道に取り組むほかないということを訴える。

引き続き第三章では、財政面での努力と並行して払われた、国債消化面（金融面）での多様な工夫と努力が、金融自由化の尖兵となってこれを推進し、わが国金融資本市場発展の原動力となった過程をたどる。債券金利自由化のきっかけとなった「金国分離」、難産の結果実現した悲願短期国債の誕生、消費税導入までからむ国債の郵便局窓口での販売の実現など、金融資本市場史上の画期的出来事について、当事者として現場から証言する。併せて国債の個人消化についても一言付け加える。

第四章で再び財政面に戻り、国債残高のとめどなき膨張をもたらす原因となった歴史的出来事、政治社会的背景や各アクターの言動などを様々な角度から検証・分析する。健全財政原則の一八〇度転換のきっかけとなったニクソン・ショック以来、何度となく繰り返された財政再建努力がことごとく失敗した元凶は円高恐怖への過剰反応と経常収支黒字への外圧であったことを回顧した後、プライマリー・バランス赤字と金利による国債残高膨張のメカニズムをやや計数的に分析し、さらに歳出膨張を招いた政治社会的力学を実体験も交えて解明する。歳入面では消費税の導入と増税を財政の収支というだけの角度で見ると、今までのところまだマイナスだというショッキングな話もする。その上で国債円滑消化のための努力の奏功が、かえって市場からの警告を失わせ、国債膨張の歯止めを失わせたという皮肉な結果に言及する。

第五章は締めくくりとして、財政破綻とは取りも直さず国民生活の破綻であることを訴え、巷に流布するいくつかの根拠なき楽観的俗説に反駁する。筆者の狂乱物価時代の予算での実体験を踏まえた、「インフレで国債残高を帳消し」という「危険な幻想」へ反論するオリジナルな計数的シミュレーション（一般財団法人民間都市開発機構　都市研究センター機関誌"URBAN STUDY"平成二七年六月号所収の拙稿「戦後70周年・国債50周年　二つのコクサイ化を振り返って」に収録）は、ぜひ理解して頂きたい本書の目玉のひとつである。最後に進むべき道として、財政、ひいては日本経済への危機意識の共有と今後しばらく飲むべき苦い薬への理解を訴え、一刻も早いＰＢ黒字化を訴える。将来二％インフレ目標が視野に入り、金利が正常化する際の課題についても簡単に触れたい。

なお、本書は主に一般会計普通国債を対象としている。用語として「公債」と「国債」が新聞等でもしばしば混在する。法律用語としても、財政法は「公債」といっているが、一方「国債に関する法律」では「国債」となっている。法律制度ないし予算の歳入をいう時は「公債」、発行され流通する証券としては「国債」というとの一応の区別であろうと考えられるが厳密に区別はされていない。この意味では建設債・特例債を区分する時は、本来建設公債、特例公債と呼ぶべきなのであろうが、本書では熟語や引用関連部分などを除き、原則、一般に馴染にある「国債」という用語で統一した。

参考文献、資料出所等は、本文中に特記しているもののほかは、前掲拙著『国債膨張の戦後史』、大蔵省・財務省財政史室編の『昭和財政史』昭和二七～四八年度及び昭和四九～六三年度の予算・国債・対外経済関係に関連する各巻並びに筆者執務資料であり、これらについてはいちいちの言及は省略している。

最後になるが、この書の舞台である各時代にご指導頂いた上司・先輩、理財局国債課長在任中国債市場発展のために立場を超えて日本のために一緒に知恵を絞り、力を尽くしたシ団幹事の方々、苦労をともにした同僚諸君にこの書を捧げ、感謝の気持ちを表したい。

また、この書を世に出して頂いた株式会社蒼天社出版の上野教信社長に深甚の謝意を呈したい。

数々の隠れた名著を発掘し世に出した「本作りの匠《たくみ》」である同社長の目にとまったのは本書の幸運であった。

目次

第一章　日本の国債発行を制限している厳しい制度と運用の現実

今日のような財政破綻状態を招いたのは、予算や財政の制度に欠陥があったからなのであろうか。本章はその問いかけに答える。結論からいえば制度のせいではない。わが国の財政の基本法規である財政法は世界でも最も厳しい部類の財政節度を規定している。しかしどんな立派な制度であっても守られなければ意味がない。憲法ですら、時代とともに解釈で運用が変わってきた。まして法律なら、守る気がなければ特例法や臨時立法で正反対のことも規定できる。わが国の財政は戦後二〇年間均衡財政を堅持してきた後、財政法の制度は改正しないまま、奇しくも一〇年ごとに特例立法でタブーを破ってきた。破綻の罪は制度ではなく運用にある。第一節でその財政法の厳しい財政規律が憲法九条と表裏一体であったことを、第二節でかつての先人たちがいかに運用の大切さを意識していたかを紹介した後、第三節で一〇年ごとのタブー破りの歴史を概観する。

第一節　財政法四条は憲法九条の裏書保証

新憲法施行を目前にした昭和二二年三月末新しい財政法が制定され、その第四条で、借金に頼らない財政という原則、例外としても投資的経費の一部に充てるところまで（いわゆる建設公債原則）という世界的にも最も厳しい部類の財政節度が規定された。その背景に軍事公債が戦争を招いた、あるいは少なくとも可能にしたという反省があったことは間違いない。

今からみると驚かれるであろうが、当時出版された大蔵省主計局の、財政法立案者による事実上の公定解釈集とでも目すべき『財政法逐条解説』の第一版（昭和二二年一〇月発行。平井平治《主計局第一課長兼第二課長》著）には、本条の解説の冒頭に「第四条は、健全財政を堅持して行くと同時に、財政を通じて戦争危険の防止を狙いとしている規定である」とあり、さらに、最後に「戦争危険の防止については、戦争と公債が如何に密接不離の関係にあるかは、各国の歴史をひもとくまでもなく、我が国の歴史を観ても公債なくして戦争の計画遂行の不可能であったことを考察すれば明らかである。又我が国の昭和七年度以来の公債を仮に国会が認めなかったとするならば、現在の我が国は如何になっていたかいわずして明らかである。換言するならば公債のないところに戦争はないと断言し得るのである。従って、本条は又憲法の戦争放棄の規定を裏書保証せんとするものであるともいい得る」と歯切れ良く締めくくっている。戦後間もない当時の世相を雄弁に物語るものであるといえよう。

この記述は第二版から姿を消した由であるが、国債につきまとう戦争、戦後の悪性インフレの連想からくる一種の罪悪感は、戦後日本財政の精神的支柱として存在し続け、結果として二〇年にわたり国債に依存しない均衡財政が維持された。

昭和四〇年度、国債発行が再開された後も、この考え方は五五年体制の社会党に受け継がれ、木村禧八郎議員、竹田四郎議員等の論客が国債発行の節目節目で政府を厳しく追及した。国債発行になお悪性インフレと戦争を想起させるどことなく後ろめたいイメージが付いて回り、政府の方でもこれを意識して、余り勝手なことはできないという抑止力になっていたことは確かで、以下にいくつかのエピソードを紹介する。しかし、戦争の記憶そのものと憲法九条の風化、五五年体制の崩壊とともにこの感覚が次第に薄れていくにつれ、国債もとめどなく膨張していったというのがまさに「国債膨張の戦後史」である。

第二節　国債と戦争の連想エピソード

財政の今日を予言した谷村論文

ただ戦後二〇年間も、決して無風で均衡財政が貫かれたわけではなかった。特に昭和三〇年代に入ると、国債発行論が次第に高まり、かつ具体性を帯びていった。昭和三三年、自民党の通称「水田委員会」の答申が国債発行を促したのに対し、大蔵省側は谷村裕財務調査官（後の大蔵事務次官、東京証券取引所〔東証〕理事長）の私見という形で『エコノミスト』誌に反論「国債発行をこう考える」を掲載した。

「国債発行を武器として、財政がいわゆる補整的な政策を実行して経済をある程度コントロールするのだというような議論が、実際にはいかに運用が難しく、且つこれを過信することが危険であるか、ということを用心しておく方がより賢明であるともいえよう。国の財政計画は何も景気対策だけを第一義として行われているとは限らない。資金は何かしら財政が仕事をするために使うのであって、景気が悪ければ使い、良ければ使わないというような理屈通りにいくものではない。財政とはそれほどに弾力的なものではなく、むしろ計画的意思のものであるとも考えられる」「国債が発行されれば、直ちにインフレになると騒ぎ立てたり、国債の引受けはいかにも迷惑だというような顔をする、そういう必要もないが、逆に国債大いに発行すべし、国債発行即正常化政策なりなどと大言壮語することもないのである」とした上で、ズバリ「財政がいったん膨らんだら、なかなか圧縮できないことは遺憾ながら今日の政治の現実的な姿であり、この現実がある限り、補整的な財政政策というような器用な真似はできないということも戒心して掛かる必要があろう」と結んでいる。

純粋の経済理論としては国債の活用が正当化されることは重々承知しながらも、必ずしも戦争を連想していたわけではないが、現実の政治のもとでの国債発行がもたらす危険を肌で感じていた世代の見識である。それにしても現役の役人がこのような政治批判ともとれる論調を堂々と発表して、物議を醸さなかった、寛容な時代、政治サイドに度量のあった時代であったと思う。

大蔵省新入職員に「戦前大蔵省の原罪を忘れるな」と訓示した秘書課長

国債を含め、財政と戦争の関係を肌で知っている世代の感覚と反省をさらに端的に示すエピソードは、昭和三八年大蔵省新入職員への、当時の大蔵省大臣官房、近藤道生秘書課長（故人）の訓示である。「戦前の大蔵省は、力及ばずして財政面から軍部の暴走を阻止することが叶わず、結果としてあの戦争を防げなかった。このことはわれわれ世代の大蔵省の人間にとって、いわば原罪として胸に深く残っている傷である。諸君もこれを知っておいて欲しい」と。

同氏は昭和一七年九月戦時中の繰り上げ卒業で大学卒業後大蔵省入省、ただちに海軍主計将校として応召。南方抑留などの苦労を経て、二一年復員された。戦後、銀行局長、国税庁長官などを歴任。退官後、いわゆる天下りを固辞され、乞われて博報堂再建のために同社社長に就任、これを果たされた後平成二二年九〇歳でこの世を去られた。茶道の達人で、広い分野で多くの人々からその人柄が慕われていた人格者であったが、ご自身の軍隊時代の経験については、長いこと沈黙を守った。最晩年の遺作『国を誤りたもうことなかれ』（角川書店）で初めて沈黙を破り、戦地の悲惨さと軍隊の非人道的な人間関係で苦労した体験を語った。筆者もこれを読んで五〇数年前の訓示が、そうした彼自身の原体験に基づいていたことを知り、あらためて深い感銘を受けた。

「大蔵官僚が軍事公債正当化」と誤読された『公債のはなし』

昭和四〇年度、戦後二〇年続いた均衡財政からの転換に当たり大蔵省は、公債政策導入の意義を、政府部内、国会・政党、関係審議会等への説明に加えて、広く国民全般に直接訴えるために省を挙げてキャンペーン活動を展開した。

『財政新時代』と題する三〇〇頁余の冊子は、福田赳夫大蔵大臣（福田蔵相）名の序文で、財政政策の目標を「ゆとりある家庭と蓄積ある企業」を柱とした豊かな福祉社会の実現とし、公債政策は、社会資本の充実などの財政需要を充足する一方、今なお高い税負担の軽減を可能とする、また経済動向に応じてその発行額を伸縮することで景気の山や谷を小さくし、安定的な経済成長を可能にする、と説いている。さらに、かつてのインフレの悪夢にも言及、財政の規模と内容が経済の実勢と見合って適正な水準に維持されるなら、インフレを招くおそれはないとしている。この冊子のほかにも、消化面、商品面までもカバーした一〇〇頁余の『やさしい国債のはなし』、貯蓄手段の面を強調した三〇頁余の『国債のしおり』がある。

うがった見方をすれば、これだけのエネルギーをかけて鳴り物入りで公債政策導入の意義を宣伝しなければならなかったということ自体が、世間に戦争、インフレの悪夢の残像がなお色濃く残り、国債に何となく「うしろめたさ」がまとわりついていた当時の世相を物語るものであったといえよう。

当時の若手係長の回顧談によれば、「それまで国債反対の作文を書かされていたのが、ある日突然国債発行すべしとの作文を命じられ、戸惑うと共に、こんなことでいいのかと思った」とある。

これらの公式資料とは別に、当時の大蔵省大臣官房調査課のメンバーが分担執筆して『公債のはなし』という三〇〇ページほどのやや学問的な本を金融財政事情研究会から発刊した。公債政策の目的、公債とはどういったものなのか、公債と経済・財政・金融政策、国民生活、公債の実務と理論実践両面にわたり問答形式で記述した、かなりレベルの高い書である。

ところが、当時の言葉でいう「官庁エコノミスト」としてすでに名声の高かったI課長補佐が分担した「公債発行による社会資本建設は世代間の負担公平が目的か」という部分が物議を醸した。執筆者は「将来に効用の残る社会資本について将来世代にも一部を負担させるという考え方は一見合理的のようにみえるが、問題点が多く公債政策の基準としてはまだ未熟」とし、将来世代に効用を残すのは有形資産に限らず教育や技術開発など広範な無形資産にも及ぶが、その効用を評価することはできない。「極端な議論をすれば戦争に勝つことこそ後の世代の国民の福祉につながる、という理由で戦費を公債によって調達することが正当化されることすら考えられ得る」と、安易な公債の世代負担論を理論的に否定した。ところがこの表現が、野党に「大蔵官僚が軍事公債を正当化した」と誤読され、大蔵委員会の理事会に呼び出すとかいう騒ぎになった。当時の村上孝太郎官房長が「どう読んでもそんな読み方はできない」とがんばって、事なきを得たというが、これも当時、国債に戦争への連想がつきまとっていたことを端的に物語るエピソードの一つである。

なお蛇足ながら、防衛費は、艦船、航空機はもとより、官署の建物であっても建設公債対象の投資的経費とはならない。国連のＳＮＡ基準という統計基準でも国防費はすべて政府消費とされている。

四次防修正、水田三喜男大蔵大臣「政治家の感性」

時代は下り昭和四七年度予算の物語である。昭和四六年度で第三次防衛力整備計画（三次防）が終了し、四七年度から新たに四次防がスタートすることになっていた。ところが、この四次防大綱決定前に策定された昭和四七年度予算に、四次防関連の新機種（超高速高等練習機Ｔ—２など）の航空機購入費などが計上されていることが問題になった。野党側は、この措置は、国防会議の議を経ない段階で、未決定の四次防を事実上先取りしたものであり、文民統制に反するものであると反発し、二月初めの予算委員会冒頭から紛糾、政府側答弁の混乱もあって、審議が中断した。政府は二月七日に国防会議を開催して四次防大綱を決定するとともに、政府統一見解を示したが、野党側は納得せず審議中断が続いた。結局、船田中衆議院議長の斡旋という形で、新機種関連の契約権限（国庫債務負担行為）を凍結するとともに、昭和四七年度予算政府案に計上した初年度分の歳出二八億円を、予算の政府修正で減額するということで収拾した。与党が絶対多数を持っている時代に手続き的瑕疵で予算の政府修正をさせられたというのは、政府、とりわけ大蔵省にとって屈辱的なことであった。

次なる問題は、当初予算は収支均衡しているから、二八億円の歳出減に見合ってどの歳入を減額するかであった。税収はすでに法案まで出ているので動かしようがない。その他の収入もそれぞれ見積りに根拠があり、歳出が減ったからといって変えたのでは見積りの正当性を問われかねない。となるとこの段階で政府が自由に動かせるのは公債金収入しかない。そもそも、国債を発行する予算で歳出が減るなら、その分国債を減らすのが筋であるということで、事務当局は、二八億円公債金収入を減らす案を大臣に上げた。国債は建設国債なので、防衛費に充てられているわけではないが、防衛費が減ることによってこれに充てられていた税収が浮いて、投資部門の財源に回るので、建設国債発行額がそのぶんだけ少なくて済むという論理である。

しかし、水田三喜男大蔵大臣（水田蔵相）は、国民には、そんなややこしい理屈は理解されない。防衛費が減れば国債が減ると短絡され、軍事公債かといわれる。「防衛費と国債を関連付けてはならぬ。これはワシの政治家としての感性だ」と強硬に反対された。「大臣がそこまでおっしゃるのなら」と、減額する他の歳入を探すことになり、時間が迫っているので大臣室で関係幹部が一堂に会し、歳入予算の一覧表をしらみつぶしに検討した結果、国有財産売払収入なら売払いを抑制するという理由がつくであろうということでこれに決まった。

このことは国債発行開始後七年にしてなお、国債に戦争の悪夢がつきまとっていたことを物語るエピソードである。それにしても今から振り返って、官僚の理屈を超えた水田蔵相の政治家としての感性が正しく、立派であったと感服する。

予算での建設公債発行対象経費と国債発行額との関係

財政法が例外的に認めている建設国債は、予算で定める投資的経費（公債発行対象経費）の範囲内でなければならないことは当然であるが、本予算以外の補正予算と暫定予算での両者の関係を巡って国会等で論議があった。

補正予算に関しては、そもそも昭和四〇年度の国債発行開始の際にも大きな論点であった。同年度補正予算で初めて計上した国債発行二五九〇億円は、同年度当初予算の公共事業費等の金額を遥かに下回るものであったから、補正予算と本予算を一体のものと考えれば、これを財政法四条一項但書の建設国債として発行するのがむしろ筋であり、主計局はそう主張した。補正予算は単独の予算でなく、成立すればすでに成立している本予算に吸収されるものであるから、この考え方は法律上は当然のことである。ところが、これに対して当時の福田蔵相が強く反対され、結局蔵相のご意向通り特例立法による特例国債となった。福田蔵相の論点は法律論ではなく、政策的な意図を持って導入するまともな国債と、予想外の歳入欠陥の後始末としてやむをえず不本意に発行する国債とは、厳然と区別すべきであるという、いわば政治姿勢であった。その考えは昭和四一年二月七日の衆議院予算委員会での答弁中で次のように明確に述べられている。当時の世上これを、前任の田中角栄前蔵相の放漫財政のツケを払わされる四〇年度国債と、積極的政策である自らの財政新時代の国債とははっきり区別させたいとの意図であると評する向きもあった。

「四〇年の公債につきましては、いろいろ実務家、また学者の間にも論議があったわけでありまして、これは建設公債という理論づけをしたらどうですかというような意見もずいぶんあったわけであります。しかし私は考えまするに、年度途中で税収が落ち込んだ、それに対して公債を出す、(中略)これは率直に歳入補填公債であるという理論をとるべきである。こういうふうに考えまして、財政法四条の特例をしてご審議をお願いしたいわけです。(中略)四〇年度の歳入補填的な臨時的な措置と、四一年度のこれで財政を運営していこうという、やや長期にわたる考え方とは根本的に違う、でありますがゆえに、これは厳に区別しなければならぬと、かように考えておる次第であります」

それから六年後、ニクソン・ショック対策として、初めて景気対策のための公共事業費追加と国債の増発をした昭和四六年度補正予算で、再びこれが論点となった。野党側は、補正予算での公債追加額七九〇〇億円のうち、補正予算での公債発行対象経費の追加額二五四四億円を上回る、税収減などに充てられる五三五六億円は、昭和四〇年度同様、特例法によるべきであると主張した。これに対し、政府は、昭和四〇年度と違い、すでに公債政策が導入され定着している現在、両者の関係は法律論通り補正後の予算全体として判断すべきもので、補正後予算の公債発行額一兆二二〇〇億円は、公債発行対象経費一兆六八二二億円の範囲内であるから、すべて建設公債であると押し切った。年末の財政制度審議会でもこの政府見解が追認され、この議論は政府側の主張通りで決着が着いた。

次は暫定予算に関してである。昭和四三年度予算の国会審議冒頭、倉石忠雄農林大臣の日本海安全操業に関連する発言が憲法軽視との批判から審議がストップし、結局同大臣の辞任で収拾するまで国会空転、一六日間の暫定予算編成に追い込まれた。一六日間の暫定予算期間では、大量発行月である四月分の国債発行額に見合うだけの公債発行対象経費は計上されない。初め大蔵省は、公債発行対象経費と建設国債発行額との関係は年度全体でみるべきもので、年度の一部分である暫定予算期間で満たされていなくても構わないとして、暫定予算に四月分国債の発行を織り込む方針でいた。ところが、社会党の木村禧八郎議員がこれを追及するとの情報があり、最終的には取り止め、本予算成立後に発行手続きに入ることとした。前年の昭和四二年度暫定予算審議の折、同議員から憲法が想定していない暫定予算不成立の場合の対応を問われ、「暫定予算には与野党争いのある様な経費を計上しないので、不成立はありえない」との政府見解を出したことが伏線としてあった。これも国債にまつわる後ろめたさから、物議を醸しそうな措置は極力避けるという慎重姿勢の一例であった。暫定予算も本予算が成立すればこれに吸収されて一体のものとなるという点では補正予算と同じであるとはいえ、吸収されるべき本予算が未成立であるという点で補正予算の場合と異なるので、一体論はやや分が悪く、慎重姿勢が正解であったとも思われる。

第三節　特例国債、一〇年目の節目ごとのタブー破り

昭和五〇年度特例国債依存

昭和四〇年度の国債発行開始後一〇年間は、財政法の建設公債原則が実質的に守られてきた。しかし、後述の通り、昭和四六年八月のニクソン・ショックを境に財政政策は一八〇度転換した。その後の調整インフレ政策、列島改造、昭和四八年度の福祉元年予算と拡張的財政運営が続いたところで第一次石油ショックによる狂乱物価が襲いかかる。エネルギー価格暴騰とインフレ抑制のための金融引締めの影響で経済は大不況に陥り、昭和五〇年度税収は空前の歳入欠陥となり、ついに財政法が例外としても許さない特例国債依存に転落した。

昭和五〇年三月、予算審議中の参議院予算委で大平正芳大蔵大臣（大平蔵相）が、昭和四九年度税収の落込み懸念を表明したのに続き、予算成立後の四月一五日、衆議院大蔵委員会で「当面の財政事情についての大蔵大臣特別発言」が発表された。税収不足額は約八〇〇〇億円と見込まれること、これは税収の年度区分変更などにより最終的には補填しうるが、「これが昭和五〇年度税収に

も影響を及ぼすことは避けられない」「従来のように自然増収を期待することは困難であり、むしろ自然減収が生じる事態も考えておかなければなりません」とし、さらに「安易な公債の増発は厳に慎むべき」で、「行政経費の節約を初めとする既定経費の見直し」が必至としている。さらにより中長期の今後の財政運営について、支出面では、「従来の制度、慣行にとらわれず根本的な見直しを行うとともに、定員、機構の簡素合理化を図る必要」、財源面では、「新たな税収確保の方策について検討する外、社会保険についても費用負担の在り方を見直す」「公共料金についても、物価の安定には配慮しつつも、安易な財政依存を排し、利用者負担の原則に立って適正な水準とする必要がある」と訴えている。

この段階では、昭和五〇年度特例国債依存に転落することは、まだ明示的には宣明されていないが、すでに暗黙の既成事実として認識されていた。そのことを念頭に置いてこの特別発言を読み返してみると、その随所に、後に内閣総理大臣（総理）に就く大平蔵相の、「特例国債依存になるにしても、そういう財政からの脱却を自らの手で実現しなければ」という並々ならぬ決意がすでに滲み出ている。狂乱物価のもと、何より物価抑制第一という世相の中で、公共料金についてここまで踏み込んで適正化を表明するのは相当勇気のいることで、大平蔵相でなければできなかったと後年当時の側近が回顧しているのもその一つである。

大平正芳大蔵大臣の苦衷

皮肉なことに、当時「巡り合わせで大蔵大臣という貧乏籤」（ご本人の言葉）の職にあった大平蔵相は、自身の哲学として質素、倹約を旨とし、その財政哲学は、著書『棒樫財政論』にある通り、「樫の木の養分が足りないときは、枝葉を落として棒樫にしないと樫の木は枯れてしまう、財政の困難に対してもこれと同様、不要の歳出を切ることが肝要である」との考えで、「入るを計って出ずるを制する」を基本とした人物であった。その大平蔵相が、自らの哲学とはおよそ相容れない特例国債を導入する回り合わせとなってしまった。さらにいえば、特例国債となれば、その使途は投資的経費に限られず、あらゆる消費的経費に及び、防衛費もその対象となる、見方によっては軍事公債でもある。リベラル路線を継承する宏池会の当主であり、ご自身もその信条を強く持っておられた大平蔵相としては、最も嫌うところであったであろう。離任時の記者会見で、「大平財政の二年半は、後代に赤字国債をたくさん出したと評される可能性がある。その点悔いがあるか」との問いに、「悔いはない、この転換期にこうするより選択の余地はなかった。財政が犠牲になって経済の破綻を支えざるをえなかったわけだ。これからは、出来るだけ早く、特例債依存の財政からの脱却の途を模索していかねばならない」と答えた（同蔵相の秘書官を務めた冨沢宏、故小粥正巳両氏の「大平総理の財政思想」大平正芳記念財団刊『大平正芳の政治的遺産』所収による）。ここまでの事態に立ち至った経過に対する無念の胸中は、筆者も、当時一介の主査としてではあるが仕えた一人として、察するに余りあるものがある。この特例国債依存財政からの一刻も早い脱却への責任感が、総理就任後の一般消費税実現への執念となったともいわれている。結局それがご自身の寿命を縮め、わが国にとってかけがえのない偉大な政治指導者を、享年七〇歳にして失なう結果となったことはかえすがえすも残念である。

単年度立法とした特例法

投資的経費の金額を超えて発行する特例国債は、財政法違反であるから、何らかの法的手当てが必要である。未だにあくまで臨時的・一時的な例外措置であるという建前だから、財政法そのものを改正することは思いもよらない。そこで特例立法ということになるが、その特例立法は多年度にわたる立法ではなく、昭和五〇年度から平成二三年度まで、毎年度の単年度立法とされた。単年度立法とした理由について、大平蔵相は昭和五一年度の国会答弁で概略次のように説明し、特例国債からの早期脱却に向けての決意を表明している。

「この特例債発行下の緊張した財政運営の試練に耐えているわけでございまして、明年度さらに若干の特例債をお願いするにいたしましても、ことしより相当進んだ姿、減額した姿において御提案できるということで、われわれの努力の跡を国会の御提案に明らかに記録として出したい、そして国会もそれを評価して頂くというような意味におきまして毎年度こういう御審議を頂くことは私は意味があるのではないかとおもうのでございまして、(中略)、毎年毎年こういう特例公債論議というものは真剣な国会の議論を経て、そして緊張した財政運営に資するということが行政府のあり方として正しいのではないかと考えております」

残念ながら、単年度立法としたことが財政節度の向上につながるとの意図は実らなかった。ちなみに建設国債と特例国債両者の金額の大小を比較すると、年度の発行額ではすでに昭和五〇年代に時々特例国債が建設国債を上回った後、平成一〇年度からは恒常的にその状態が続き、二七年度予算では特例国債三〇・九兆円、建設国債六兆円という姿、残高でも一五年度末から恒常的に特例国債が上回り、二七年度末見込みでは、建設国債残高二七六兆円、特例国債残高五三一兆円で、「何が特例だ」という状態が続いている。さらに悪いことには、予算は憲法に定める衆議院の優越的地位で成立しても特例法が通らず、与野党の政争の具の人質となって、かえって追加減税などのお土産をとられたり、甚だしい場合には内閣の命運を左右するなどの弊害が目立った。そこで平成二四年度の臨時国会でついに四年間の多年度立法となった。

今となっては、本章第二節の誤読騒動にあるI課長補佐が示唆したように、そもそも国債を建設国債と特例国債に分けることに意味があるかどうかも議論の余地があろう。

反故にされた特例国債の借換禁止

表1-1　償還計画表の例―昭和40年度補正予算総則

区分	発行額（円）	償還額（円）	摘要
昭和40年度	259,000,000,000		
昭和47年度		259,000,000,000	

出所：筆者作成。

国債の根拠規定である財政法四条は、その第二項で国債を発行する場合にはその償還の計画を国会に提出することを義務付けている。実際に国会に提出されている計画は、昭和四〇年度の発行開始以来今日に至るまで一貫して、表1―1のような発行する国債の満期に応じて、何年後にいくら返しますというだけの、およそ「償還の計画」の名に値しない代物である。

そこで国債発行開始当初、社会党からこの償還計画を巡って、償還財源が明確にされていないではないかとの追及があり（昭和四一年一二月二五日参議院大蔵委員会木村禧八郎議員の質問など）、国債発行の健全性と信認の確保のため、昭和四二年度に現行の六〇年償還ルールによる一・六％定率繰入制度が法定された。当時念頭にあったのは建設国債であるから、建設国債対象の社会資本の平均耐用年数と算定された六〇年間で建設国債を償還し切るよう、国債残高の一・六％（約六〇分の一）を、毎年度、いわば一種の減債基金である国債整理基金特別会計というところへ積み立てるという減債制度である。ちなみに同会計は遠く明治三八年、日露戦争の戦費調達の為に起債した外債の減債基金として誕生した由緒ある会計である。

六〇年で償還するといっても現実に発行されている国債の満期は、現在では短いもので六か月、長いものは四〇年（中心は一〇年物）と、一〇種類超に上り、いずれにしても六〇年より早く満期が来る。ボンドである以上、満期が来たらその時の保有者に耳を揃えて返すのは当たり前のことであるが、その財源は発行から六〇年後でなければ足りない。そこで足りない分は、この国債整理基金特別会計が新たに借換債という別の国債を発行して、その収入で元の国債を全額償還する。これを借換債の満期のつど繰り返して、段階的に残高を減少させ結局六〇年経てば全額償還し切るという設計である。

ところが特例国債は財政法上許されない例外なので、できるだけ早く残高を消すべきであり、借り換えるべきでないと考えられていた。現に昭和四〇年度に発行された国債二〇〇〇億円は、建設公債発行対象となる投資的経費の額を遥かに下回るものであったから、実質的には建設国債であったが、前述の通り、当時の福田蔵相の強い意向により、法律的には特例国債と位置付けられていたので、満期の昭和四七年度に借り換えず、全額一般財源で償還した。

同じ考えから、昭和五一～五八年度までの毎年度の特例法には、その法律で発行する特例国債は借り換えず、満期到来時に全額一般財源で償還しますと明文で規定していた。

しかし、昭和五〇年度に大量に発行した特例国債の満期が到来する六〇年度に、一括償還するような財源がないことが明白になってきた。そこで、昭和五九年度の特例法で、既往の借換禁止規定を一括削除し、新規発行分の特例国債も含めできるだけ借り換えしないよう努める旨の単なる努力規定に置き換え、六〇年度から特例国債の借換えが実施された。昭和四〇年度の非募債主義からの転換、五〇年度の特例国債発行に続き、またまた一〇年目に国債の第三の重大なタブーまでも犯したのである。

インクの色が違う

前述の大平蔵相の苦衷を熟知している当時の大蔵省で、特例国債を忌むべきものとする感情があったのは当然であろう。当時の国債はまだペーパー時代であるから、有価証券としての国債証券の紙の本券が原則であった。特例国債発行開始後の数年間、特例国債の本券の記号番号のインクの色を秘かに建設国債と微妙に違えて区別したという話を、筆者の理財局国債課長在任中に耳にしたことがある。本書執筆に先立って、その裏付けをとろうと調べてみたが、毎回の国債発行に際して出される大蔵大臣告示上は、建設国債と特例国債で全く差はなかった。同課に長く在職した何人かのベテランに尋ねてみても、話としては聞いたことがあるという程度で確認は得られなかった。一種の都市伝説かも知れないが、ごく限られた当時者だけで大臣告示に定める色の範囲内で、微妙に色調を変えた可能性は捨てきれていない。

表 1-2　10 年国債要償還額比較

（昭和 58 年 1 月時点での見込み）

	昭和 56 ～ 59 年度累計	昭和 60 ～ 63 年度累計
要償還額合計	7.7 兆円	33.8 兆円
建設国債要償還額	7.7 兆円	20.6 兆円
内日銀・運用部保有額	6.3 兆円（82%）	5.9 兆円（29%）
内市中保有額	1.4 兆円（18%）	14.7 兆円（71%）
特例国債要償還額	0	13.2 兆円

出所：松野允彦編『国債　発行・流通の現状と将来の課題』（昭和 58 年 8 月大蔵財務協会）285 頁。

雲散霧消した？ NTT株売却代金

特例国債を含む国債の大量発行が始まった昭和五〇年度から、一〇年国債満期の一〇年目を迎える六〇年度を控え、国債の償還・借換対策が大きな課題として浮上していた。

一〇年国債の要償還額累計を昭和五九年度以前の四年間と六〇年度以降の四年間とで比較すると表1―2の通りと見込まれた。

第一に、要償還額が七・七兆円から三三・八兆円と四倍以上にもなる。さらに当時は借換えが禁止され、全額一般財源で償還すると法律で定められていた特例国債が一三兆円余にも上る。その上新たに借換債を市中で発行しなければならない市中保有の割合が一八％から七一％へと飛躍的に上昇することとなった。

このうち、特例国債については、昭和五七年に財政非常事態宣言が出され、公務員給与引上げの人事院勧告までも凍結したような財政事情のもとで、四年間で一三兆円余も満期が到来する特例国債を一括現金償還するといっても、その財源は新規の特例国債に求めるしかなく、その分だけ新規の特例国債発行額が上積みされるにすぎないという結果は明白であった。そこで昭和五九年一月一八日の財政審中間報告でお墨付きを得て、前述の通り、同年度の財源確保法で、既往の借換禁止規定を一括削除し、六〇年度から特例国債の借換えが実施された。

こうした特例国債も含む国債の大量借換えに対処する消化面での対策を検討するため、昭和五八年一〇月、理財局長の私的懇談会として、木下和夫大阪大学名誉教授を座長とし、学識経験者やシ団各業態代表者等一六人からなる「国債借換問題懇談会」が設けられ、五九年五月「当面の国債借換問題について」という報告が発表された。

同報告に基づき、昭和六〇年度以降は、発行根拠となる法律は異なるが、消化面では建設国債、特例国債と借換債全体を一括して消化方法を定める、現在のような国債発行計画を策定・実施することとなった。なおもう一つの重要テーマであった短期国債の導入については、第三章第二節で詳述する。

青天の霹靂《へきれき》は、同時期に民営化されたＮＴＴの株式のうち永久政府保有分を除く三分の二（及びＪＴ株式の二分の一）が、国債償還財源に充てるために国債整理基金特別会計の財産とされたことであった。一時はうまくすれば、これで特例国債残高はゼロになるかという甘い期待すら抱かれた。

昭和五七年七月の臨時行政調査会第三次答申で電電公社の民営化が答申され、これを受けて同年九月に民営化基本方針決定、五九年四月閣議決定を経て、同年一二月二〇日NTT法が成立した。昭和六〇年度予算要求で、郵政、通産両省がNTT株の売却収入を狙ってそれぞれ法人の新設を要求してきた。これに対して大蔵省は国民共有の財産であるNTT株は、国民共有の借金である国債の償還に充てるべきであると主張した。同法成立の翌日一二月二一日、政府・自民党五役会議で、株式のうち売却可能分三分の二は国債整理基金特別会計に帰属させて売却収入を国債償還財源とし、永久保有分は産業投資特別会計に帰属させてその配当を新設の基盤技術研究促進センターの財源に充てると決定された。

ところでこの当時の国債整理基金特別会計の財源事情をみると、財政非常事態宣言を受け、昭和五七年度補正予算で当初予算に計上した定率繰入（本節前々項「反故にされた特例国債の借換禁止」にある六〇年償還のための国債残高の一・六％積立）一・二兆円を特例法で停止。昭和五八、五九、六〇年の三年度は当初予算から停止した。昭和六一年度も停止したが、すでに国債整理基金の残高が底を付き、六〇年償還ルールが実施できなくなるので、当初予算では、不足額ギリギリの四一〇〇億円を差し当たり予算繰入という形で手当てし、国債への信認維持に腐心した。そこへNTT株売却収入により、国債整理基金の資金繰りがついたので、補正予算で同年度もゼロにした。続く昭和六二年、六三年度、平成元年度も当初予算から繰入を停止した。平成元年にNTT株売却が中止され、国債整理基金の資金繰りが厳しくなったことと、バブル税収による財政事情の好転とが相俟って、翌二年度から定率繰入が復活したが、結局この八年度で繰入停止額の累計は一五兆円を上回った。その後も平成五～七年度の三年度にわたり同様に停止されている。

こうした減債基金火の車状態のところへの「干天の慈雨」ともいうべきＮＴＴ株の売却は、昭和六一年一一月の第一次売出し以来六度の売出しと五度の自己株取得に伴う売却を経て、約二〇年後平成一七年九月にすべて完了し、最終的な売却収入は一四・五兆円となった。これにＪＴ株分〇・八兆円を加えた一五兆円余が定率繰入停止累計額とほぼ見合っている。

「国民共通の財産売却の収入を国民共通の借金返済に充てる」という語感からは、本則であるいわゆる六〇年償還ルールに上乗せして、国債の早期償還を図るという意図に受けとられたのであるが、結果的にはそういう上乗せでの償還は微々たるもので、ほとんどが定率繰入停止の代替財源となり、結局は雲散霧消してしまったと極言することもできよう。

ところで、恒常的に特例国債に依存している財政では、償還財源の積立といっても、その財源は所詮新たな特例国債なので、このいわゆる六〇年償還ルールはほとんど意味をなさない。むしろ積立と現実の現金償還との時期のずれで、一時的に積立金となって、調達金利と運用金利の逆鞘が出たり、甚だしい場合には、この積立金を埋蔵金などといって流用するなどの弊害もみられた。しかし、その後今日に至るまでもこのルールは、相当な事務負担を伴いつつ律儀に守られている。

第二章　国債発行・流通市場（その一）——誕生から暗黒時代まで——

本章と次章で日本国債の消化、市場発展の歴史をたどり、その中から学ぶべき今後の教訓を探る。先ず本章では第一節で、その後との比較のために、挙国一致体制でスタートし、御用金とまで悪口をいわれた草創期の国債消化の原始時代的実態を回顧する。次いで第二節で、これが国債の大量発行などで維持不能になり、市場依存の消化に移っていき、ロクイチ国債騒動に始まる国債暗黒時代となった過程を振り返る。ロクイチ騒動は単なる過去の物語ではない。将来日本国債への信認が失われたら、いつでも再現しかねない危機である。まして、国債残高のGDP比が当時に比べて比較にならないほど大きくなり、また市場の変動が国際的要因もあって極端になっている今日、溜まっているマグマは大きくなっているし、万一にでもそのリスクが顕在化した暁には、そのショックは当時の比ではない。肝に銘ずべき教訓である。その上で、暗黒時代脱却のための財政、金融（国債消化）両面での長い血の出るような努力を振り返り、これを踏まえて、将来への教訓は正攻法で地道に取り組むほかないということを訴える。

第一節　挙国一致型シ団消化

引受シンジケート団の発足

国債を発行するには、誰かに買って貰わなければならない。国の側からは、国債の消化といっている。その国債の消化は、大別して、直接日本銀行に買って貰う日銀引受とそれ以外（これを日銀引受と対比して「市中消化」と呼んでいる）に分かれる。財政法は原則として（実行上、〝日銀が買いオペで取得した国債の満期時に、その借換えのための国債を代物弁済として引き受ける場合〟、いわゆる〝乗換〟を除き）日銀引受を禁止している。前章でみたように国債に関する諸々の規制が次々と破られていった後でも、この原則だけは、現在に至るまで、少なくとも形式的には堅持されている。

昭和四〇年度の国債発行開始に際して、翌四一年度以降の本格的な国債が市中消化によることは、最初から大前提となっていた。ただ、昭和四〇年度分についてだけは、前章第二節で紹介した通り、実質的には建設国債であるにもかかわらず、あえて異例な措置であることを強調するために特例立法によることとしたこともあり、消化方法についても臨時異例なものであることを明らかにするため、日銀引受によってはどうかという議論も、一部に一時的にはあった。しかし、これも早々に消え、すべて市中消化に決まった。

その市中消化にも色々な形態があり、後述のように昭和五〇年代に入ると公募入札の導入など多様化が図られていくのであるが、当時はシンジケート団（シ団）を組成して販売し、残額をシ団で連帯して引き受けるという方式が、早々と前提となった。昭和二八年度から、財政投融資計画の原資の一部として発行されていた政府保証債が、この方式で消化されていた長い実績があったからである。ただ、国債は、発行額が政府保証債より相当多額に上ると見込まれたことなどから、政府保証債とは異なったシ団組成、運用が必要であると考えられた。具体的には、シ団のメンバーを金融機関のどの範囲にまで広げるか、引受けの分担率をどうするか、個人など一般に販売することを証券会社に限るのか否か、それとの関連で証券会社と金融機関との間の手数料の配分をどうするかといった点が問題となった。

これらの諸点について、昭和四〇年一一月八日の金融制度調査会「国債発行にともなう金融制度のあり方に関する答申」は次のように提言し、概ねこの考え方に沿って検討が進められた。

「今後発行される国債は、その発行額が政府保証債に比し量的にかなり大きくなるものと予想されるので、さらに多くの金融機関等の消化を期待しなければならない。従って、シ団メンバーの範囲も従来よりこれを拡げることを考慮するのが適当であろうし、シ団のメンバーに対しては従来以上にとくだんの協力が要請されるので、金融機関の種類、資力等に応じ、メンバーの協力態勢を合理的なものとするための弾力的な配慮が必要となろう。また、一般投資家による消化を促進するため、証券会社を中心とする募集販売網の強化拡充が必要であり、なお要すれば、新たな販売網を考慮することも検討の余地があろう」

この答申を上記の各問題点に即して解説すると、既存の政府保証債のシ団に参加している金融機関の範囲は都市銀行（都銀）、長期信用銀行（長信銀）、信託銀行（信託）、地方銀行（地銀）までであったが、これを拡げて、新たに相互銀行（相銀、現在の第二地銀）、信用金庫（信金）、生命保険（生保）、を加えようというのが第一点である。第二点は、政府保証債シ団の各メンバーの分担率は参加各行・各社（証券会社）頭割りで均等であったが、相銀、信金などの零細機関の多い業態を加えるとなると、均等では負担できない個別機関も多いことから、ある程度資金量を考慮した分担率にすべきということである。最後の「新たな販売網」というのは後に大問題となる銀行窓口での国債販売を念頭に置いたものであるが、これには証券界が猛反対である上、当時銀行界も自行の預金との競合の懸念などから、本気ではなかったので、ジャブ程度のものであった。

一方の証券界は、一一月一一日の証券取引審議会意見書「公社債市場のあり方からみた国債発行の諸問題について」において、

「引受シ団は、募集引受を行なうアンダーライターによって構成されることが本来のあり方であるが、現状においては、応募引受者の参加もやむをえないと思われるが、今後においては、逐次、本来のあり方に沿うように配慮すべきである」と本来なら証券会社だけだという建前論での反撃はしているが、現実の納まりどころに争いはなく、シ団内部の契約で、募集取扱い（一般投資家への販売のこと）は証券会社だけに限ることとされた。

具体的分担率の決定に当たり、最大の争点は募集取扱いをする証券団のシェアをいくらにするかであったが、最終的に一〇％で決着した。当時の証券団代表のシ団世話人会での発言によれば、昭

和四一年度は幸いこの一〇％シェアが達成できたが、金融情勢の変化を考えると四二年度については一抹の不安はあるとし、月別の配分についての配慮を求めるとしていたことからみて、一〇％は証券会社にとってかなり重い分担であったと想像できる。当時の文献を調べても、なぜ一〇％と決まったのか、その根拠ないし経緯は明らかでないが、大蔵省資料によれば、①国債の個人消化は、安定的消化の確保、健全な市場の育成に極めて重要であるから、せめて一〇％ぐらいは確保したいという当局の希望、②シ団メンバーの頭数が、三〇社中証券四社なのでまるめてシェアも一〇％、③証券団も募集取扱い業務を行なうものとして参加する以上、一〇％ぐらいは売りたいと希望していたことなどが挙げられている。

こうして必ずしも明確な根拠がないまま決まった証券一〇％シェアであったが、いったん決まった後は、証券団にとって重荷となった時期が長かったにもかかわらず、長年にわたり、国債市中消化のシンボル的存在として維持されてきた。大蔵省内で毎年度予算における国債発行額を論ずる際に、証券団の個人消化可能額を一〇％で割り戻した額を市中消化可能額の上限とする議論すら行なわれていたほどである。証券団としては、昭和四三年度までの現先（買戻し条件付き）販売などを除く実質的な消化実績が六％程度に止まっているという実態に照らして、現実には相当な重荷であった。しかし引下げ要求を出すと、銀行側がそれでは銀行窓販と言い出すので、口が裂けても引き下げてくれとは言い出せず、発行量の減額と後述の様な税制面その他での個人消化促進策を強硬

表 2-1　金融機関の資金シェア、資金コストと金融機関内国債分担率

業態	昭和 40 年度末 資金シェア（%）	昭和 39 年度下期 資金コスト（%）	当初国債引受 シェア（%）
都銀	35.9	5.93	46.2
長信銀	8.1	n.a	11.0
地銀	20.8	6.33	22.8
信託	2.4	n.a	4.0
相銀	9.6	7.09	4.0
全信連	9.8	7.02	4.0
農中	3.6	8.44	4.0
商中	1.5	n.a	−
生保	7.0	8.49	4.0
損保	1.3	7.2	−
計	100.0		100.0

出所：筆者作成。

に要求するという姿勢を貫いた。これがその後の国債を巡る銀行証券対立の火種となっていくことは後述の通りである。

証券分を除く九〇%分の金融機関分の分担は、先ず業態別資金量シェアを念頭に業態別の分担率を決め、業態内の個別行（機関）ごとの分担率はそれぞれの業界が定めるルールによって決めることとされた。業態別分担率決定に際しては、相銀、信金（全信連が代表参加）など資金コストの高い業態は資金量のシェアより少なくなるよう配慮された。昭和四一年一月から四三年一月まで二五か月続いた当初の七年国債の応募者利回りは六・七九五%（表面利率六・五%、発行価格九八円六〇銭）で、相銀、信金、農中、生保にとっては相当の逆鞘になっていた（表2―1参照）。

なお、引受手数料とその金融機関と証券団の配分の問題は次章の第一節でまとめて述べる。

時代の雰囲気を知る上で特記すべき出来事は、金融機関側から、国策である国債の引受けに協力するについては、予算編成前に当局と民間との間で国債発行規模等についての意見調整をする場を設けて欲しいとの要望が出され、いかにも日本的な挙国一致体制のシンボルともいうべき「国債発行等懇談会」という時代がかった場が創設されたことである。

これは紆余曲折の末、「民間関係者との意見調整の場ではなく、大蔵大臣（蔵相）が国債、政府保証債等の発行規模に関し、参考として民間の意見を聞くため」の場とされ、昭和四〇年度補正予算閣議決定前日の四〇年一一月一八日に、三田の第一公邸で、第一回会合が開催された。

蔵相を座長とし、メンバーは金融機関・証券会社の代表者だけでなく、財政制度審議会会長小林中、金融制度調査会会長山際正道といった財政金融関係の主要審議会会長や日本銀行総裁など大物を網羅した極めて格の高い挙国一致型懇談会であった。

この懇談会には筆者も何度となく陪席し、大臣挨拶を起草したりしたが、日本経済の現状に照らして、この程度の国債発行量が適正かというような、いわば大所高所からのご意見を承る荘重な場であるとされ、毎年度予算の大蔵原案閣議提出前に政府の税制調査会と前後して開催、国債の発行規模その他国債に関する重要政策を了承するとの慣行が確立した。発行者と引受金融機関との間の当事者同士の協議に先立って、このような大時代的な場を踏むということも、国債発行ということが当時いかに大変なことであったのかを実感する一助であろう。

この懇談会は、その後国債発行が日常化した後も長く存続していたが、次第に形骸化し、平成一三年の持ち回り開催を最後に廃止された由である。よくぞここまで続いたものである。

内包するジレンマ・愛憎二様

ここで資金運用部資金による国債引受について簡単に紹介しておく。資金運用部資金とは、平成一三年度施行の財政投融資制度の抜本改革で現在の財政融資資金に改組される前、財政投融資計画の原資の大宗を占めていた、いわば巨大な政府内部の金融機関である。

国には、税金や国債という毎年度の予算の財源とは別に、民営化前の郵便貯金や、社会保険の積立金など、国の事業あるいは制度に基づいて一時的に国民から預かった多種多様なお金がある。かつての資金運用部資金は、これらを一元的に管理し、安全確実かつ国の政策に役立つよう運用するためのいわば政府ファンドであり、昭和二六年四月施行の資金運用部資金法に基づき、それまでの大蔵省預金部を改組、運用の民主化・透明化を図って創設された。

直接の前身である大蔵省預金部は大正一四年四月に施行された預金部預金法により大蔵省に設置されたもので、戦前戦中に色々な歴史もあるが、さらにその原型をたどると、はるか明治一一年五月に、大蔵省国債局で逓信局預金（後の郵便貯金）を受け入れ、これを運用した時にまで遡るといわれている。一説にはさらに古く、明治九年五月の準備金取扱規則の制定が預金部制度の創始だとする見方もある。

昭和二八年度から、財政投融資計画が毎年度予算と同時に策定されるようになると、これが、鉄道、電気通信、高速道路などの公社・公団事業や、住宅金融公庫、中小企業金融公庫などの政策金融の原資の大宗を占めることとなった。財政投融資計画は、第二の予算とも呼ばれるが、予算と決定的に違うのは、元利を返済しなければならない有償資金を原資としているから、その対象事業も、採算性があって、元利が国に返ってくるものでなければならないという点であった。この財政投融資制度（財投）がわが国の戦後復興から高度成長にかけて果たした役割は計り知れないほど大きい。今でも新興市場国の経済政策担当官僚から、これについて学びたいとの需要があり、筆者もそうしたセミナーで繰り返し講義している。

資金運用部資金（運用部）の残高は、すでに昭和二八年度末で六三六三億円に上り、同年末の全国銀行預金残高の二三・五％、国債発行開始の四〇年度末では、五兆円余、全銀預金の約二五％に達していた。ちなみに運用部の残高はその後も増加を続け、財投改革前年度の平成一一年度末では四四五兆円、国内銀行実質預金の実に九〇％余にまで肥大化していた。市場経済時代にこれで良いのかという問題意識が、郵政民営化と財投改革推進の動機の一つであったことは確かであろう。

財投の話はひと先ずさておき、昭和四〇年度、シ団引受で国債を消化する話が進む中で、運用部にも応分の分担を求める声が高まっていった。運用部の資金の相当部分が郵便貯金からの預託金であることからしても、これは当然の成り行きである。日銀引受の反対語としての市中消化には運用部引受を含む。運用部の原資が日銀信用ではなく、郵便貯金などの国民の貯蓄であるからである。ただそうはいっても、同年度分の国債引受は年度途中で出てきた話なので、すでに運用の計画は決まっており、運用部としても無駄なお金を遊ばせているわけではないから、国債引受原資を捻出するには手持ちの金融債を現金化する必要があった。当時の未成熟の市場にそんな多額の金融債を放出したのでは大混乱になるので、一〇月二九日の大蔵・日銀懇談会で、日銀が運用部保有の金融債を買い取ることが合意された。「それでは日銀引受と変わらないではないか」との議論も心配されたが、もともとの原資が国民の貯蓄であるということで凌いだ。

昭和四〇年度補正予算の段階で二五九〇億円と決定した同年度の国債は、半額以上を運用部が、残りをシ団が引き受けるという了解のもとで発行が始まり、シ団は一月に七〇〇億円、二月に二五〇億円、三月に一五〇億円、合計一一〇〇億円を引き受けた。一方、運用部は九〇〇億円を引き受けた後、三〇〇億円程度と見込まれた残額は税収の確定を待って翌年度に繰り越して引き受けることとしたが、その後の税収の好転により引き受ける必要がなくなり（国債課はシ団との信義上剰余金を出してでも引き受けるべしと主張したが）、結局引き受けなかった。国債発行下の財政で、無駄な国債を発行して無用の剰余金を出すのは好ましくないから、これは当然の選択であったとはいえ、結果的に運用部引受がシ団を下回ることになって、「運用部が逃げた」というシ団の強い不満と不信を買うこととなった。さらに翌昭和四一年度も当初予定された三〇〇億円の国債引受を実行しなかったため、シ団の不満を一層掻き立てた。

その結果、昭和四二年度に国債消化環境が急速に悪化していく中で国債消化を巡る摩擦がいやが上にも高まり、最終的には国債発行額全体を約九〇〇億円減額するとともに、シ団引受分のうち七〇〇億円を運用部引受で肩代わりして、シ団引受額を約一六〇〇億円減額したが、それでもなおシ団側の不満は残り、並行して以下に述べる条件改定交渉に進むこととなる。

こうした経緯からも、シ団メンバーは、建前としては国債こそ資本市場の中核商品となるべきものであると歓迎し、ステータスとしてシ団内のシェア確保を望みながらも、本音では、国債はお付き合いで引き受けざるをえない「厄介なお荷物」であったという、愛憎二様の感覚がよくわかる。これには規制金利時代で国債の金利が低く抑えられていたことに加え、次項で紹介する乗換の強制、売却制限といった商品性の欠陥もあるが、基本的には資金不足の経済環境の下では、採算的にも有利で、いい顔もできる融資需要が他にいくらでもあったからである。この愛憎二様の感覚は、昭和六〇年代の資金不足経済になるまで続く。そして、国債引受が「迷惑なお付合い」であるという空気は、民間金融機関のみならず、実は国債課と同じ理財局にある運用部所管の資金課筋でも支配的であった。

さらに、シ団メンバーのうち、金融機関にとっては、この愛憎二様に加えてもう一つ別な、より深刻で本質的ともいうべきジレンマがあり、これが発行当局を最近に至るまで苦しめた頭痛の種であった。

金融機関、証券会社ともに、国債を引き受けるシ団メンバーという立場からすれば、その国債が有利な商品であることが望ましい。証券会社はそれに尽きるが、都銀・地銀、信託、長信銀など金融機関には、自らの本業で預金、貸付信託、金融債といった商品で顧客のお金を集めているという別な顔がある。国債の魅力が増すと、こうした自分の商品と競合して、商売の妨げになる恐れがあり、かつその懸念は国債発行額が大きくなるにつれてますます現実味を帯びてくる。国債発行開始当初のように七年債（後に一〇年債）一種類の長期債しかない時には、主として預金という短期資金を集めている普通の銀行に関してはさほどではなく、競合は主として、金融債や貸付信託という長期資金を集めている長信銀、信託の問題に限られていた。しかし国債発行額が増えるにつれて、シ団の負担軽減のため、国債の種類や発行方法の多様化が必要となり、償還年限の短い中期国債が公募発行されるようになると、その懸念は都銀・地銀など一般の銀行にまで広がり、抵抗はいっそう強まっていった。その後歴史上最も難航したのが、次章第二節で紹介する短期国債の導入である。公募入札などシ団消化以外の方法で発行するものであっても、シ団が渋々にもせよ首を縦に振るまでは、導入できなかった。金融資本市場の発展とシ団負担軽減のための工夫努力が、シ団からの抵抗で難航するというこのようなジレンマは、本質的には、利害の対立する多種多様の業種を包括する挙国一致型シ団に依存した国債消化に内在するジレンマであり、時代によって形を変えながらシ団が形骸化する平成年間まで続くこととなる。

以下多少紙面をさいて、このジレンマが最初に形となって現れた、昭和四三年一月の国債の発行開始以来最初の条件改定を巡る、象徴的なドタバタ劇を紹介する。

昭和四二年度に入ると、景気の回復による民間資金需要の回復と、国際収支赤字対策としての金利引き上げの影響で、国債の消化環境は急速に悪化していった。前述の国債発行額の減額、運用部肩代わりによっても好転せず、九月一日の公定歩合引き上げ後、秋から年末にかけて、発行条件改定、少額貯蓄非課税制度（マル優）での国債別枠の創設、手数料増額などの提案が出始め、次第に強まっていった。

一一月一五日の日経に、「全銀協、地銀協両会長が国債の発行条件を改定すべきとの点で一致、日銀総裁にこの旨要請することになった」との記事が出たのを皮切りに、二七日の読売には「大蔵省は、来年度から国債の発行価格を引き下げる方向で検討を始めた。いまのところ四〇銭下げが有力」、二八日の日経には「大蔵省は国債の利子に税制上の優遇措置を考えており、できれば昭和四三年度税制改正に盛り込む方針」との記事が出て、各業界の動きも俄然活発化、騒然となってきた。昭和四三年一月六日公定歩合の再引き上げ（日歩一銭六厘→一銭七厘）が実施されてからは、各業界の主張と観測記事が連日紙上を賑わせた。

消化環境が悪化したといっても、証券以外は自ら引き受けて満期まで保有する、それも銀行の場合には一年経てば九割は日銀の買いオペで吸い上げられるので、採算上の影響は限定的であった。問題は証券で、新発債の販売不振のうえに、既販売分のはねかえり玉を抱えて苦しく、このままでは証券シェア一〇％が維持できなくなって、証券の販売力に限界ありとの判断から銀行窓販論が出てくることを恐れていた。その証券が最も望んでいたのが、マル優に国債だけの別枠を設けることであり、党税調方面にも強力に働きかけていた。ところが、金融界はもちろん挙って大反対で、それをやるなら国債の銀行窓口販売の開始だと猛反撃に出た。一月一七日の日刊工業に史上「どんどんバリバリ」発言として名高い次のような記事が載った。

「金融界、自民税調方針（一〇〇万円まで免税）に対し窓口販売で巻き返し図る。〃銀行はこれから国債を窓口でバリバリ得る。また国債を買った人が換金した場合は、掛目九〇％で国債担保金融をどんどん行なう〃（黒川久三菱銀行専務）とやる気十分」

ところで、当時の流通市場に目をやると、昭和三七年以来停止状態になっていた債券取引の立会いが、国債発行に備えて四一年二月に東証・大証で再開され、同年六月に国債の店頭気配の交換開始、一〇月に国債の上場が開始されたばかりの未発達な段階にあり、現実にも証券四社による完全な管理相場であった。従って、条件改定の方も、現在ならよりどころとなるべき、意味ある市場実勢が存在しないので、ガラス細工のように微妙なバランスで成り立っている規制金利体系の、どこをどう人為的にいじるかという多分に政治的な話であった。

都地銀は引き受ける立場から、本音では大きい改定幅を望んでいたと思われるが、長信銀、信託は、それよりも利付金融債や貸付信託に波及させたくないとの自業態の立場が優先し、国債のみの小幅改定を望んだ。利付金融債等に波及すると長期プライムレートの引き上げにつながる恐れがあり、政府としてもこれは危険との認識が特に景気政策関連部署にあったが、一方で国債は長期金利の中核で、これが変わる以上、他も変わるべしとの正論が主力であった。

別枠マル優については自民党が熱心で、ゼロ回答では済まない空気になっていった。対象を新発債に限るか既発債まで広げるか、免税対象利払いをどう制限するかなど、金融界が呑める妥協案探しに論点が移っていった。

このように、都銀・地銀、長信銀、信託、証券といった各業界の利害が錯綜していて、シ団自体一枚岩ではないうえ、発行者である大蔵省内もこれら業界の利害を（代弁するといっては叱られようが）慮る銀行、証券両局に加え、財政負担増を嫌う主計局、税の論理を重視する主税局、景気への配慮から長期金利上昇に慎重な大臣官房と、それぞれ立場、思惑が異なることが情勢を極めて複雑化させており、「局あって省なし」とマスコミに面白おかしく取り上げられた。国債の円滑消化を第一義とする理財局としては、あちら立てればこちら立たず、全く進退窮《きわ》まる状況であった。

日銀や森永貞一郎東証理事長なども間に入り、各局それぞれ所管業界との調整や説得を繰り返しながらの省内調整が延々と続き、一月二八日(日)、水田三喜男蔵相出席の御前会議でやっと決着した。

国債については、事務当局は発行価格の四〇銭引下げを念頭に置いていたが、御前会議で倉成正政務次官の強いご意見もあり、この際は後腐れのないように五〇銭引下げ、応募者利回りで〇・一〇七%の引上げ(六・七九五%→六・九〇二%)で決着した。

利付金融債の〇・一%引上げ(七・二%→七・三%)と貸付信託の〇・〇五%引上げ(七・二二%→七・二七%)は、長期プライムレート(八・二%で据え置き)に影響を及ぼさないことを前提に決められた。

別枠マル優については、「国債へのなじみが稀薄で個人消化が十分でないことから、国債になじみをつける呼び水程度」という控え目なもので決着した(後年追々拡充されていく)。なお、国債個人消化促進策の一助として、最低販売単位を引き下げ、新たに五万円券を発行することとした。

マスコミの取材を避けるため、わざわざ日曜日に、人目に付かない霊南坂分庁舎で開いた御前会議であったが、ある社がこれを嗅ぎつけ、夕刻帰途に着いた理財局幹部の車を尾行した。これに気づいた幹部が運転手に撒けと指示、日曜日の黄昏時、がらんとした都心で苛烈なカーチェイスが始まった。最後は、「プロ同士の意地だから乗っている人は黙っていて下さい」といって、一方通行を逆行した幹部の車が逃げ切った由。翌朝その記者が大部屋へやって来て、「一体大蔵省は運転手にどんな教育をしているのか」と呆れ顔で喚いていたのが面白く記憶に残っている。

こうしたエピソードも示す通り、本件は大蔵省の歴史上でも珍しい、ほとんど全局を巻き込み、世間の注目も集めた大騒ぎであった。

たった五〇銭の国債発行価格引き下げ、応募者利回りにして〇・一％程度の国債発行条件改定がこんなにも揉めた底流には、金利というものを政策のシンボルとして重視した当時の世相もあるが、前述の通りの挙国一致型シ団に内在するジレンマが顕在化したものである。この国債の新条件も、昭和四五年三月債まで当初条件同様二年余り続き、次回改定時にはもうこんな騒動は起こらなかった。しかし、底流にある問題点は、時によって形を変えながらも、その後長くついて回る。今の人には想像もつかない話であろうが、筆者が間近でつぶさにみていた歴史的事実である。

マスコミの反応は、様々であったが、「発行条件についてこれまでの硬直的な態度を改め、条件改定を行ったことは評価するが、本筋は、国債発行額の圧縮にある」、といった意見が大勢を占めた。今から読み直してみて、比較的本質を衝いていたと思われるのが、二月一日付けの『産経新聞』の観潮台である。

「国債条件改定の失点として①利回り改定に税制というイレギュラーな手段を援用したこと。②金融当局、銀行両者とも金利の市場機能や、金利体系の正常化というようなことを全く考えず、目先の動きにとらわれ、条件改定を近視眼的に処理してしまったこと」

また、「局あって省なし」の大蔵省の右往左往振りについて、一月三〇日付の『東京新聞』が次のように揶揄している。

「大蔵省は総国債アレルギー症――エリート官僚の集まりも大変な欠陥を持ち、あまりに慎重にことを運びすぎるのも考えものといった感じである。しかも結論は〝足して二で割る〟式の平凡かつ中途半端なもので、調整役の官房などは重症まちがいなし」

乗換強制・売却制限

当時の国債が「御用金」と陰口を叩かれた理由には、低金利の他、およそボンドとしての基本的性格と矛盾する、金融機関保有国債の乗換の強制と売却制限という慣行上の制約があった。

第一章の第三節「雲散霧消した？ＮＴＴ株売却代金」の項で紹介した通り、国債は残高の一・六％の積立（定率繰入）を財源に、七年債なら満期が来るたびに六〇分の七だけは借り換えずに現金償還し、残りを借り換えるという操作を繰り返して六〇年で全体を返し終わるという、六〇年償還ルールで返済することとなっている。昭和五三年度までの償還・借換は具体的には次の通り行われていた。

①一〇％の証券会社販売で個人等が保有する分は全額現金償還し、借り換えない。

②民間金融機関保有分については、六〇分の七だけ現金償還し、残りは、新しい国債を渡す、いわば借換債による代物弁済で償還する。これを乗換といい、法律的な義務ではないが、事実上強制されていた。

③運用部、日銀保有分は原則として全額乗り換え、余裕があれば一部現金償還する。

民間金融機関保有分は、発行後一年経てば日銀買いオペの対象となるので、発行額が少ないうちは、九割以上が日銀に売却されていたが、発行額が増えるにつれて、満期時の保有額が大きくなり、金融機関の資金繰りと採算を圧迫し、不満の種となっていた。

昭和四七年一月に国債の償還年限が七年から一〇年に延長されたため、五四、五五年度には国債の満期到来がなく、同五六年度からは若干弾力化され、六〇年度からは、満期到来債と借換債との対応付けがなくなり、この悪名高い市中分の乗換は廃止された。

より長く尾を引いたのは、シ団金融機関引受国債の売却自粛措置（実質的には売却制限）である。シ団引受国債のうち、募集取扱いの対象とならない九割の金融機関等引受分は市場売却が自粛され、これが売却制限と呼ばれていた。実際問題として昭和四〇年代には、発行後一年経過した国債の九八％は日銀買いオペで吸収されていたので、売却の必要もなかった。ところが、昭和五〇年度以降の大量発行で、日銀オペで吸収しきれない国債が金融機関に累積していったため、これを市中に売却させろとの（国債流動化の）要望が高まっていった。今日の常識からすれば、引き受けた国債を売るなという方が無理筋であるが、市場の規模が極めて小さかった当時、大量の金融機関引受分が市場に出てきたら市場は大混乱だという恐れはシ団内部の証券会社にもあり、また引受手数料を払っている以上、責任を持って保有するのは当然であるというタカ派的な議論もあった。前述の乗換との関係も絡んでいたため、国債流動化の歴史は驚くほど漸進的であった。

先ず、満期時に全額現金償還するということで発行された（後に崩れるが）特例国債については乗換の必要がないので、発行後一年経過後売却可能とする流動化第一歩が昭和五二年四月に開始された。ところが、これが建設国債消化のネックとなった一方、前述の乗換強制の廃止も視野に入り、同年一〇月建設国債についても同様となった。

その後の売却制限緩和の歴史は、後出のロクイチ国債の怨念などの国債暗黒時代、国債のディーリング開始など今後の話の先取りになるが、ここでまとめると、昭和五五年五月に上場時期（発行後七～一〇カ月）まで、同五六年四月に発行後一〇〇日程度までと売却制限期間が短縮された。

昭和五九年六月にディーリングが解禁された後は、そもそも売却制限などありえない話であるが、それでも六〇年六月に商品勘定分が発行日の翌々月初以降、六一年四月に商品勘定分が発行日の翌月初、投資勘定分が翌々月初と、自由化はなお漸進的にしか進まず、やっと六二年九月に商品勘定分は撤廃、投資勘定分が発行日の翌月初と事実上撤廃された。それでも名実ともに完全に撤廃されたのは平成七年九月である。

この二つの制約は、日本国債の発行・消化が、いかに市場というものを軽視した、前近代的な挙国一致、国策協力的発想でスタートしたか、そしてそれが徐々に緩和されながらも二〇年余の長きにわたって続いたという後進性を物語るものであろう。

因縁の五年債、多様化のスタートとアンカー

やや因縁話めくが、ここで以上のようなシ団に内在するジレンマが金融資本市場の自由な発展を阻害した歴史の象徴が、期間五年の国債であったという話をしたい。

先ずはじめは、国債多様化の第一号として、昭和五二年一月に導入された五年割引国債のことである。

昭和五〇年度以降の国債大量発行に対処して、国債の安定的消化のため、個人消化の促進・拡大が急務となった。個人金融資産の蓄積が進むにつれて個人の資産選好が多様化し、金利選好も高まってきたことを勘案して、個人消化促進が期待できる新しい商品として、五年割引国債の構想が浮上した。証券会社はこれに積極的賛意を表したが、割引債という点ではワリコーなど割引金融債、五年債という点では五年利付金融債、五年物貸付信託という、もろに競合する商品を主力とする長信銀、信託はもちろん猛反対で、銀行もこれに同調した。

昭和五一年一月、シ団内に個人消化促進等委員会が発足し、同年秋までに一〇数回に及ぶ審議が重ねられた。金融界の反対は根強く、個人消化のためなら英国にあるような貯蓄国債とすべきではないかとか、割引債は税制上有利で不公平であるとか、導入するとしても競合商品との関係から一定の限度を設けるべきである、といった意見が出され、協議は難航した。昭和五一年一〇月、見切り発車のような形で、①五年割引国債を、シ団引受により発行する。②発行額については当分の間、

年度三〇〇〇億円程度とする。③市場安定化のため、国債整理基金買いオペを実施する。④金融界の要望が高まってきた国債の銀行窓口での販売について検討し、証券取引審議会にも諮る。⑤具体案はシ団と協議する、との案が大蔵省から提示され、すったもんだのあげく、シ団内の反対論を強引に押し切る形で、一二月初旬、大筋において了承するとの回答を得た。無記名の五年割引債という、本来なら個人投資家にとって喉から手が出るような人気商品のはずなのに、このような経緯で金融界の猛反対を押し切って強行したために怨念が残り、シ団との協議で長い間不当に金利を抑えられ、発行量も抑制された上、シ団も全く販売努力をしない、〝死に体〟商品になってしまった。金融自由化が完成した後もその状態が続き、結局平成一二年度を最後に廃止された。

その金利の決定ルールは、新発一〇年債と政府短期証券（後のＦＢ）の応募者利回りを用いて対数曲線によるイールドカーブを描き、その期間五年に対応する税引き後利回りが得られるような五年割引債の発行価格を二五銭刻みで設定するというものであったが、イールドカーブの短い方のアンカーとされたＦＢ金利が、次章第二節でみるように公定歩合マイナス〇・一二五％という政府日銀間の低金利であったことから、魅力のないものとなってしまった。物事には潮時というものがあり、どんなに正しい方向に沿ったものでも、機の熟さないうちに強行すると、後で祟り、かえって進歩を阻害することになるという教訓の典型的な実例であると思っている。

その後の国債の多様化は、シ団負担の軽減と幅広く個人貯蓄を吸収することを目指し、利付中期国債の公募入札発行などシ団を通さない商品に移っていく。公募発行する中期国債としては、利付金融債との競合に配慮して、五年債ははじめから諦め、二〜四年物が協議の対象となった。二年債は銀行の二年定期、四年債は利付金融債との競合が懸念されることから、先ず三年債からスタートすることとなり、昭和五三年六月に三年利付国債の公募入札が開始され、五四年六月に二年債、五五年六月に四年債と続いた。昭和五五年一月に中国ファンドが創設されたこともあって、中期国債の発行額は大幅に増加、金融自由化推進の原動力の一つになっていく。

こうした中で、最後まで残ったのが五年利付国債である。短期国債まで導入した後の大蔵省、のちの財務省としては、国債管理政策上の要請から、各種年限の国債の品揃えをするという意味で、三年、四年という中途半端なものよりは、中期ゾーンの中核としての五年利付国債発行が悲願であった。しかしこれは、長年金融自由化に対する最大の抵抗勢力であった興銀の頑強な反対で阻まれ続けていた。時代が遥かに下った平成九年のこと、筆者が専門委員として参加していた通商産業省の産業構造審議会資金部会で、どういう流れか五年利付国債が議題となった。その時委員であった興銀常務が、業界エゴむき出しの反対論をぶって、出席委員等の失笑を買ったのが記憶に新しい。

このようにシ団ジレンマの最後の砦ともいうべき存在であった五年利付国債であるが、同行の地盤沈下により、ついに平成一二年二月発行が開始された。最近の年度間発行計画では一〇年債を上回る三〇兆円が計画されている。国債管理政策がシ団の桎梏《しっこく》から完全に解放されたことを物語る象徴的な出来事であった。

第二節　国債暗黒時代

ロクイチ騒動

現実に起こった日本国債の暴落を振り返ると、比較的近いところでは、昭和六三年九、一〇月のタテホ・ショック、平成一一年末の運用部ショック、同一五年六～九月のVaRショックと金利にして一～二％上昇相当の暴落が三回あった。しかしこれらはいずれも市場心理の動揺による一過性のもので、ここでは対象としない。

これに対し、昭和五四年からのロクイチ国債暴落は、国債大量発行、残高急増と金利全般の上昇に起因する構造的なもので、続いた年月も長い。時代環境は大きく異なるものの、今後の教訓を示唆する点が多々あり、もはや当時のことを記憶している現役も少ないので、他の箇所と若干重複するところもあるが、そもそものロクイチ国債出現の経過から順を追って紹介しつつ教訓を探りたい。

財政面では、昭和四六年八月のニクソン・ショックとその後の調整インフレ政策、列島改造、四八年度の福祉元年予算と拡張的財政運営が続いたところで第一次石油ショックによる狂乱物価。エネルギー価格暴騰とインフレ抑制のための金融引締めの影響で経済は大不況に陥り、昭和五〇年度税収は空前の歳入欠陥、ついに特例国債依存に転落した。国債発行額は昭和四八年度一・八兆円から五〇年度は五・三兆円、その後五二、三年度は外圧もあり、五四年度は一三・五兆円と爆発的に増加した。国債残高は、昭和四七年度末の五・八兆円から、五〇年度末は一五兆円、五四年度末は五六・三兆円へと累増し、GDP比も四七年度末の六%から五四年度末の二五%へ飛躍的に上昇した。

市場面では、昭和五〇年大不況に対処する金融政策で、公定歩合が九%から八次にわたって引き下げられ、五三年三月には史上最低の三・五%となった。国債金利もこれに対応して、同年四月発行分からやはり史上最低の六・一%に下がり、世に悪名高いロクイチ国債が出現。これが翌五四年二月まで一一か月に累計八・八兆円が市中発行された。都銀についてみると昭和五三年度は、実質預金増加額の四二%、五四年度では九一%が国債消化に充てられた。日銀買いオペは年間一兆円程度であったので、金融機関の手元にロクイチ国債が大量に残った。それでも昭和五三年中ごろまでは民間資金需要の低迷から何とか消化できていたが、五四年四月金融政策が引締めに転ずると各種金利は急上昇した。国債金利も逐次引き上げられ、ピークでは八・七%（応募者利回りで八・八八八%、〝ミラクルエイト〟）に達した。国債発行条件の引上げは通常実勢に遅れた上、既発ロクイチ国債が（ボトムには価格で七〇円台前半、利回りで一二%台という考えられない水準にまで《理論的には八〇円台半ばぐらいのはず≫）大暴落、金融機関に巨額の含み損が発生し、国中怨嗟の声で満ち満ちた。売却制限の緩和で国債の流通市場が曲がりなりにも形成されつつあった時期で、市場がロクイチを目の敵に過剰反応した面もある。これで国債の人気は地に墜ちて、消化環境は悪化の一途をたどり、国債が発行できない「休債」の月もあるなど長い国債暗黒時代に突入する。

ここで一つ注意を喚起しておきたいのは、ロクイチ国債暴落は金融機関経営に多大な影響を及ぼしたが、これが金融システム全体の不安にまで至らなかった点が現代と違うという点である。今であったら大変なことになっていたであろう。当時の国債残高GDP比は急上昇中とはいえ三〇％に届くかどうかという水準であった。また金利上昇も急激とはいえ、新発債一〇年債金利が六％から九％へというレベルであった。国債残高のGDP比が一五〇％超、新発債金利が長い間、〇・五％以下で、直近ではマイナスというところからのスタートで上昇の余地がたっぷりある今は、溜まっている暴落のマグマは当時と比較にならないほど大きい。

このロクイチ騒動の後遺症からの脱却には、長期にわたる財政金融両面からの粘り強い努力と工夫を要した。国債消化面からの対策は、①発行条件の適正化、売却制限や乗換強制の緩和・撤廃など商品性向上への取り組み、②シ団以外からも広く資金を吸収するための国債種類や、発行方式の多様化によるシ団負担の軽減、③これとも関連するが、中期国債ファンドの創設、累積投資、税制上の優遇措置など個人消化促進策、④国債価格変動引当金制度の創設や評価方法の変更など会計上の対策、⑤やや姑息な対症療法ではあるが、即効性はあった資金運用部や国債整理基金による買いオペ――など多岐にわたった。これらのうち、規制緩和としての色彩を持つ諸措置は、単に国債の消化促進策に止まらず、後年の金融自由化の導火線となる。図2―1にその後の時代も含めて主な流れを図示する。

財政面では、頼みの綱の一般消費税導入挫折後、「増税なき財政再建」を旗印に、血の出るような歳出削減努力が次第に強化されながら続けられた。特に昭和五七年史上初の公務員ベア凍結は、ここまでやるのかという政府の財政再建にかける意気込みを示す象徴的非常措置として、極めて大きなインパクトを持った。この間第二次オイルショックによる深刻な税収減もあり、国債発行額は昭和五七年度いったん一四兆円を超えたが、翌五八年度以降、五年間連続で一般歳出を前年度対比マイナスにしたという空前の努力が奏功して着実に減少し、六二年度には一〇兆円を切り、ピークで三〇%を超えていた公債依存度も平成二年度には一〇%を切るに至った。平成二年度から五年度までの四年間、一時的とはいえ、特例国債からの脱却も実現した。これらによる財政への信認の回復と品薄感が出るまでの国債需給改善が決定的な役割を果たした。将来に向けてもこれ以外に王道はない。

図 2-1　　国債の種類・発行方式の多様化等消化促進努力

昭和 40 年代	50 年代	60 年代	平成年代	現在
シ団引受 7 年債	(昭和 47 年から 10 年債)		平成元年部分入札導入　平成 18 年シ団廃止全面入札	→
	51、5 年割引国債シ団引受（多様化の第 1 歩）		廃止	
	52 シ団引受債の売却制限逐次緩和		7 完全撤廃	→
	中期国債公募入札：53、3 年債、54、2 年債、55、4 年債、中国ファンド創設			→
	54 ロクイチ国債暴落騒動			
	56 から緊急避難的直接発行債			
	58 銀行窓口販売開始			→
	59 いわゆる金国分離で国債金利自由化			→
	59 銀行ディーリング開始			→
		60 国債先物取引開始		→
		61 短期国債（期間 6 か月、後に 1 年、3 か月も）		→
		61、20 年債		→
		63 郵便局窓口販売開始		→
			11、30 年債	→
			12、 5 年利付債	→
			12、15 年変動利付債	→
			12、 3 年割引債	→
			15 個人向け国債	→
			16、15 年物価変動債	→
			16 特別参加者制度	→
			19、40 年債	→
			19 国によるオプション取引導入	→

出所：筆者作成。

休債

この暗黒時代を象徴する出来事であり、かつ将来にもありえないわけではないという教訓を残すのがいわゆる休債である。

国債消化面の体制を強化するために大蔵省は、昭和五四年七月理財局に国債専担の審議官を設置、前述のような国債消化対策を次々と打ち出したが、それでもシ団との摩擦は激化の一途をたどり、ついに五六年六月分の国債が発行条件の合意不調で発行できないという、いわゆる休債に立ち至った。

この間の経緯をやや詳しく振り返る。当時のインターバンク金融市場は、一月や四月とコメの政府買入代金が払われる秋が緩和期、六～八月が逼迫期というように季節的繁閑が顕著であった。毎月のシ団引受国債の発行は、年間の発行予定額を、こうした市場の季節的繁閑を考慮して、緩和期には多く、逼迫期には少なくなるよう月ごとに割り振り、毎月不均等額で発行することとされていた。毎月の発行の日程は、原則として、前月債発行終了後の毎月二〇日前後に、理財局国債課からシ団幹事に対して翌月の発行希望額と発行条件を打診し、シ団内部での検討を経て、不満なら折衝して再協議、合意が得られたところでセレモニーとしての常専務級世話人会で理財局長から正式に依頼、了承を得る、というものであった。当時五年物利付金融債が一〇年国債の表面金利に追随することとなっており、そのうちの一つである商工中金債については前月二九日までに官報に告示する必要があったので、これが決定のタイムリミットになっていた。

昭和五六年五月連休明けから米国の金利引上げ、ドル高円安により国債市況は大幅に悪化、発行条件と市場実勢との乖離幅は〇・八％にも広がった。このため、国債金利については発行価格の引下げでは対応しきれず、シ団からは表面利率の引上げが求められた。他方、国内景気の動向は、業種間や地域間に跛行性はあるものの、総じてみれば緩やかに改善に向かっているとされ、景気回復を妨げないような政策運営が肝要だという政府の大方針があった。国債の表面金利の引上げは利付金融債の引上げに繋がり、自動的に長期プライムレート（長プラ）の引上げをもたらすという硬直的な金利体系の下では、国債表面金利の引上げは政府部内で許して貰えず、さりとてシ団はそれなしでは了承しないという板挟みから、とうとう発行条件の合意が得られず、昭和五六年度六月債は発行できないこととなった。これが都合八回（事情の異なるブラックマンデー時を除く）に及ぶ休債の最初である。

バブル崩壊後の金融危機の際の大蔵省バッシングの一つに、「財政の論理が優先して市場や金融の論理が軽視され、これが市場を歪めた」という断罪があったが、この時代の国債発行条件決定の背景としては、これは正しくない。国債大量発行が続く中で、財政当局としては、国債の円滑な消化が何よりの課題で、市場を無視した低金利での発行を強行しようなどという考えはとっくに消えていた。国債発行条件の弾力的設定を阻害していたのは、以上のような国債表面金利の引上げが即長プラの引上げをもたらすという硬直的金利体系とその下での景気への配慮であったことが意外に知られていない。

この休債は昭和五六年六、七、八月、五七年七月、五八年二、七月、五九年六、七月と八回に及び、次章第一節の金国分離で、国債が長プラの桎梏から解放されるまで繰り返される。余談であるが、四年連続で七月が休債になったのは、大蔵省の人事異動期と重なったからであるという巷の俗説もある。毎年国債表面金利引上げが俎上に上ってくる金融逼迫期が、人事異動期に重なり、同省としてこの厄介な方程式に腰を据えて全省的に取り組む体制ができていなかったという影響はあったかもしれない。

「スト破り？」一五年変動利付債

昭和五六年六～八月の三か月連続休債に対処するための緊急避難的特例措置として、金融債など他の債券金利との波及を遮断し、かつ所要額の国債発行を確保するため、期間六年の非市場性国債九〇〇〇億円をシ団を通さずに相対で発行するという苦肉の策が取られた。他の金利への波及を遮断するため、通常の公募債とは峻別し、二年間の譲渡禁止とする代わり、その分金利を高く設定した。休債前の五月債（一〇年）が表面利率七・六％、応募者利回り七・八六八％なのに対し、この六年債は、表面利率八・二％、応募者利回り八・二八七％と相当割高なものになった。

さすがにこの緊急避難は一回限りで終わり、五七年度以降の休債に対しては、別な対策が模索された。いずれも機関投資家の長期安定的な資金を吸収する新商品である。

その第一は、信託、農中、全信連を対象とした一五年変動利付債の相対での発行であり、昭和五八年二月の休債時に第一回が信託向けに三〇〇〇億円発行されたのが最初である。期間一五年で、全期間譲渡禁止とする代わり、金利は前年一〇月以前一年間の一〇年債応募者利回り平均に〇・三％を上乗せするという、優遇されたものであった。このために他業態からは羨望の眼でみられ、休債中の「スト破り」であるという悪口さえも聞こえた。国債課長であった筆者がシ団幹事から嫌味をいわれたこともあったが、こちらからみれば、市場に存在する長期安定的資金を吸収する有効な手段である上、シ団に対するバーゲニングパワーにもなるので、当局・引受先両者ともに満足のいく対策であった。昭和五八年六月の第二回分が一兆円、五九年三月の第三回分が四五五〇億円、同年六月の第四回分が六〇〇〇億円、同年八月の第五回分が九〇〇〇億円と発行が続き、六〇年の九〜一一月の第六回分一兆五〇〇〇億円が最後となって累計四兆七五五〇億円がこの方式で発行された。

第二回以降対象に農中、全信連が加わり、最後の第六回には生保も加わった。この間国債消化環境の好転を反映して、〇・三％であった一〇年債平均金利への上乗せ幅が、第三回から〇・二％、第五回〇・一％と引き下げられた。昭和六〇年に入ると国債の消化環境は様変わりに改善し、発行側の事情からはもはや緊急避難的措置は必要なくなったが、上乗せなしでもよいから是非発行して欲しいとの引受側の強い希望を受けて、最終第六回は上乗せなしで発行された。

もう一つは生保向けに、昭和五九年九～一一月にかけて六〇〇〇億円発行された、二〇年固定利付債である。当時生保は年金資金の高い伸び等もあって、総資産が大きく伸びていた。この潤沢な安定的長期資金を吸収するため、超長期の固定利付債を発行することとしたものである。併せて、当時の生保があり余る「セイホマネー」で外貨債投資を活発に行なっていることが、ドル高円安の一因であるとの見方もあり、生保資金を国内に回帰させて、米国からの円安批判に多少なりとも応えるという効果も期待された。金利は当時厳密なイールドカーブがあったわけではないが、一〇年債金利を基準としつつ、期間が二〇年と長期であることと、五年間の譲渡制限が付されていることを総合的に勘案して決定したとされている。

次章で詳述するように、昭和六〇年あたりを境に、国債の消化を巡る環境は、歴史的転換ともいうべき抜本的改善をたどる。その結果、これらの緊急避難的、変則的な国債の発行はその使命を終え、姿を消した。後に昭和六一年度にシ団引受で、翌六二年度から公募入札で発行された二〇年債やさらに時代が下って平成一二年度に導入された一五年変動利付債は、国債の現代的革新の一環ともいうべきれっきとした市場商品であって、上記の変則的商品とは性格を異にするが、こうした多様化の先鞭を付けたという意義はあったかもしれない。

公募入札の未達も

この章を締めくくるに当たり将来への警鐘として、公募入札で、金利が高いことを覚悟しさえすれは、必ず国債が発行できるというものでもないことを簡単に注意喚起しておく。

わかり易い例に、日銀のオペがある。量的緩和の初期にしばしば「札割れ」といって、そもそも応札が予定額に届かないことがあった。国債でも同様のことが起こりうる。現に筆者が国債課長であった二年間、概して消化環境が好転していった時期であったにもかかわらず、中期国債の公募入札で応募額が予定額に満たない「未達」が何度かあった。記憶に残っている最悪の事例では、確か二割前後に止まった。

あってはならないことであるが、将来何らかの理由で日本国債への信頼が失われ、国債暴落というようなことが起こった場合、満期償還のための借換債を発行すべく入札しても、応募そのものが所要額に届かないということは大いにありうる。後述のようにプライマリー・バランスが赤字で、金利すら新たな借金に依存している現在の財政でそういう事態に立ち至れば、元利を払うお金など出て来ないから、先ずデフォールトは必至である。毎年数十兆円の新規財源債に加えて、一〇〇兆円を超す借換債を発行していかなければならない現状というのは、「板子一枚下は地獄」だということを、本章で紹介した国債暗黒時代の歴史的現実からの教訓として、しっかり胸に刻み込まなければならない。

第三章　国債発行・流通市場（その二）——市場発展の原動力——

本章は、前章に引き続き、大量国債の円滑な消化のための様々な努力が、金融自由化の尖兵となってこれを推進し、わが国金融資本市場の発展の原動力となっていった過程をたどる。第一節で長い暗黒時代からの幕開け、第二節で仕上げともいうべき短期国債導入までの秘話、第三節で消費税導入までからむ国債の郵便局窓口での販売の実現までの政治史を紹介し、第四節で今日のように高度に発展した国債市場の実現と、その中にあっても忘れてはならない国債消化の原点ともいうべき個人消化の促進に触れる。

第一節　金融自由化の尖兵へ

国債窓販、ディーリングの開始

戦後のわが国金融制度改革史上、とりわけ銀行・証券の業務分野の調整という面で、最初でかつビッグバン以前での最大の革新は、銀行窓口での国債販売と銀行による債券ディーリングの解禁である。

戦後昭和二三年に制定された証券取引法の六五条は、米国法制の強い影響の下、金融業と証券業を分離する政策を打ち出し、その第一項で銀行等が証券業務を行なうことを原則として禁止していたが、第二項で国債等公共債についてはその禁止を解除していた。しかしながら、禁止解除という規定のみで、その公共債に関する証券業務に関する規定が何ら存在しないことから、銀行等の公共債業務について色々な論議を呼んだ。前章第一節の昭和四〇年のシ団組成に際しても、法律上は銀行も国債の募集販売ができるのに今はやらないだけであるという銀行側の見解と、いや法律上もできないという証券側の主張が潜在的には対立していた。しかし、現実問題として銀行側に募集販売をやる気がなかったので、さほど表面化はしなかった。

その後も折に触れて前述の「どんどんバリバリ」発言のようなジャブの応酬はあったが、昭和五〇年代の国債大量発行を迎え、国債個人消化促進の必要性が強調されるようになって、この論争が現実味を帯び、真剣に争点となっていった。

昭和五四年の金融制度調査会及び証券取引審議会の答申を受けて大蔵省は、この問題を立法によって解決するとの方針を固め、五五年、次の三原則を打ち出した。

①銀行の証券業務は公共債に限定して規定する。

②銀行が実際に証券業務を行なうに当たっては、証券取引法上の認可にかからしめることとし、また、証券取引法上の所要の規定を適用する。

③今回の改正は、長期的見地から制度の整備を図るものであり、実施については、諸情勢を見極め、環境の熟成を待って考える。

これを織り込んだ銀行法及び証券取引法の画期的改正は昭和五六年五月に成立し、五七年四月一日施行と定められた。

法改正成立後、昭和五六年一〇月に、公正・中立な学識経験者三人（河野通一、佐々木直、森永貞一郎）からなるいわゆる三人委員会が設けられ、その結論に沿って、五八年四月から国債の銀行窓口販売が開始され、翌五九年六月から残存期間二年未満の国債に限るいわゆる部分ディーリングが、さらに六〇年六月から残存期間の制限のないいわゆるフル・ディーリングが解禁されて、国債流通市場は新たな歴史を迎えることとなった。

きっかけはコロンブスの卵から

昭和五九年六月、理財局国債課長に就任した筆者の初仕事は、シ団幹事に「遺憾ながら七月債も前月に引き続き休債とせざるをえないことになりました」と、すでに前任者の時に省内で決まっていた方針を電話することであった。これが（ブラックマンデー後の市場混乱という全く別な事情による昭和六二年一〇月債は別として）最後の休債となった。休債の原因は、六月債が折からの市場金利上昇を受けて表面利率（五月債七・〇％）を引き上げるか否かで調整がつかずに休債となった後、翌七月債は大蔵省側も〇・二％引上げまで譲歩したのに、シ団側がこれでも納得せず、発行価格の大幅引下げという妥協案まで蹴って、あくまで表面利率〇・三％引上げに固執したことにあった。前章第二節で紹介した昭和五六年と同様な構図の繰返しである。

いつまでもこんな八方塞がりを繰り返していては、まともな国債管理政策など〝百年河清を待つ〟だし、第一下手をすると国債が発行できず歳入欠陥になる危険すらある。こうした危機意識から、国債発行条件をこのような非正常な桎梏から解放し、市場実勢に応じた弾力的な設定ができるよう改革しなければならないと覚悟を決めた。そこで、「長期金利はわれわれが決めるものだ」という省内タカ派幹部らの空虚な権限意識に抗し、翌八月債の条件決定を意図的に遅らせた。時間切れで利金債金利が前月据置の七・〇％で官報告示されるのを見届けてから、おもむろに国債を表面利率〇・三％引上げの七・三％で決めた。これが世に言う「金国分離」である。コロンブスの卵のような話であるが、これ以来、国債金利は長プラの足枷から解き放され、市場実勢に応じた発行条件を設定するというルールと、シ団との信頼関係が確立されていく。国債の歴史では暗黒時代の終焉、近代の到来を告げる転換点、金融の歴史では債券金利自由化の第一歩となる歴史的瞬間である。

飛ぶように売れ、火種論まで出現

「金国分離」以降、わずか二年余りの間に、かつては「迷惑なお荷物」視されていたシ団一〇年国債は、飛ぶように売れる人気商品に脱皮し、その流通市場は爆発的に拡大した。

底流に、カネ不足経済からカネ余り経済への転換という経済金融構造の変化があったことは確かであるが、国債そのものに即してみると、次の三つの改革ないし規制緩和の成果が相互に作用し、需給関係が抜本的に改善した結果である。

その第一は既述の、乗換強制や売却制限といった不合理な制約の改廃と、「金国分離」の結果の発行条件の市場実勢化による、国債自体の金融商品としての魅力向上である。

第二は財政再建努力による新規財源債発行額の減額に加え、国債種類・発行方式の多様化がもたらしたシ団負担の軽減である。シ団引受は、ピークの昭和五四年度九・七兆円から五八年度には五・八兆円まで減少（その後はシ団側の需要で増加）、借換債を含む国債発行額に占めるシ団シェアは、五三年度の八二・九％から五八年度以降は三〇％台にまで低下した。

第三は前項の金融機関による国債窓口販売、ディーリングの解禁と国債先物市場の創設などの規制緩和と市場インフラ整備である。昭和六〇年六月いわゆるフル・ディーリングが開始されたが、この頃から長期金利は急ピッチで低下を始め、国債表面利率もこれを反映して、六〇年五月六・八％から、六一年三月五・七％、四月五・一％、六二年六月三・九％などと低下した結果、この時期のディーリングは大きな収益源となり、流通市場は爆発的に拡大した。取引所・店頭販売合計の国債取引高は、昭和五八年度の三三〇兆円から、六〇年度二五〇〇兆円、六二年度五〇五六兆円と四年間で一五倍にも増加し、近々京《けい》の大台乗せ必至と思われるほどであった。昭和六〇年一〇月に長期国債先物取引が開始され、取引の中心が先物へ移っていったため、現物取引は六二年度でピークアウトしたが、いずれにしても、収益源のディーリング玉として国債への需要が過熱し、火種として国債が減らないようにという議論まで登場する有様になった。毎年度予算編成前に開催される恒例の国債発行等懇談会での、業界代表要望からの「国債発行額の減額をお願いする」という決まり文句が消えた。この流れが、シ団引受に一部競争原理を導入するという、次なる新しい動きへとつながっていく。

火種論の典型的な例は昭和六〇年九月一四日付けの『毎日新聞』朝刊八面に載った次の記事である。

国債増発に期待銀行・証券
大蔵の削減方針に影響も

「〝もっと国債を〟――こんな声が銀行・証券会社の間で強まっている。「行財政改革」下にあって、表だっては要望しにくいが、来年度予算編成期を迎え、国債増発へのひそかな期待は切実なものになりつつある。

増発要求の理由は国債売買に対する債券市場の要求が非常に強いことで、「いくらあっても足りない」(野村証券など)という。現在、一番人気の六・八国債(六八回国債)など買いが集中して値上がりし、その結果、国債利回りが急落、六・一%を切り、短期金利を下回るまでに下がってしまった。

このように債券市場が爆発的に拡大した原因の一端は、昨年六月、今年六月の二回にわたって解禁された銀行の公共債ディーリングの活況にある。しかも五八年度から大量に増加した国債の償還で、新発債から償還分を差し引いて市場に残る国債（筆者注——一〇年債に限った話）の純増額は、このところ年々急激に減っている。

そこで国の借金としての国債ではなく、マネーゲームの対象としての国債という別の顔が注目されているわけ。すでに一部には国債が玉不足だから、外債投資に資金が回り、円安要因になっているとの見方まで出てきている。こうした市場の国債増発への根強い要求は内需拡大や減税の足枷になっている大蔵省の国債削減方針を微妙に揺さぶることになりそうだ」

当時国債課長であった筆者はこの火種論に対し、当時の『公社債新聞』九月二五日付のコラム「茜雲」で次のように反駁している。

「（オゾンが健康に良いという一時流行った俗説は、実はオゾンが豊富に存在するような環境が健康に良いという、因果関係逆立ちの議論であったことを、英国南部の有名な保養地ブライトンにまつわる逸話で紹介した後）、このように、事の本質にかかわりなく、単に結果としての事象の一部のみをみて因果関係であるかのごとく錯覚することがしばしばありはしないか。

昨今の国債に関する議論のなかには、この種の錯覚に基づく逆立ち論があるように思われる。債券市場で国債が玉不足であるから国債増発に期待（九月一四日付毎日新聞朝刊）とか、特別の（免税な

ど の）国債を発行して、通常ではできない新たな事業を起こすべしとかいう議論など。国債は国の財政赤字であり、借金である。この本質はいかなる新種国債を工夫したところで変わらない。（中略）

国債の財政上の発行所要額が、市場の消化能力という金融・資本市場面の制約から制約されるということは、（中略）十分うなずけるところである。しかしながら、反対に市場に金が余っているから国債を増発してこれを吸収せよとの議論は、国債の本質である財政面を無視した逆立ち論である。

もし、一方で金融政策によっては吸収し難い余剰金が継続的に民間に発生し、他方財政は恒常的な赤字に苦しんでいるとするならば、この余剰資金を財政に吸収する手段は、国債ではなかろう。（筆者注――増税を示唆したもの）」

手数料変遷は国債史の縮図

債券をシ団引受の方式で消化する場合に、シ団に対し、募集取扱いと引受けの対価として手数料を払うのは、内外ともに確立した慣行である。昭和四〇年度の国債発行開始に当たって、発行条件の検討と並行して、この手数料の水準などについての折衝が行なわれた。

すでに政府保証債については、引受責任料として一〇〇円当たり一〇銭、募集取扱手数料として六〇銭の合計七〇銭が支払われていたのでこれが議論のスタート台となった。政府保証債の場合、募集取扱手数料中の二〇銭は現実には大口応募者への利回り補整となっている実態からみて、国債には不要という見方が強くあり、その他色々の議論があったが、各方面の協議の結果、政府保証債より二〇銭低い一〇〇円当たり五〇銭ということで決着した。

次なる問題はその五〇銭の証券とその他への配分であった。国とシ団との契約では、建前上全員が募集取扱いをすることになっているので、全員に対して一律に五〇銭を支払う。一方シ団内部の契約では、証券だけが募集取扱いを行なうこととなっているので、証券会社分の手数料をどうするかが争点となった。国としては、全員に一律支払う五〇銭の中に募集取扱いの対価相当分が入っているので、さらに証券会社に対して上乗せで手数料を払うわけにはいかない。シ団内部の配分問題として、金融機関等他のメンバーが一部を拠出して証券団に渡すことになったが、その幅について銀証の交渉が紛糾した。結局大蔵省、日銀が中に入って、金融機関等が二銭を拠出して手取り四八銭とし、証券シェア一〇％なら証券の取分が六八銭となることで決着した。ただし、証券の販売実績が一〇％を超える場合には超える分については銀行と同じ四八銭ということになったので、証券側に、売れば売るほど手数料率が下がるという不満が残り、その後の銀証対立の火種になるとともに、手数料引上げ圧力の原因にもなっていく。

前章第一節でみたようなシ団方式に内在する業態間のジレンマがある中で、手数料に関しては全員高い方がよいということで共同歩調、恒常的に引上げ要望が存在し、市況が悪化する度に火を噴いた。しかし財政当局としては、金利を市場の水準に合わせるという筋のある話とは違って通常の予算折衝問題なので、おいそれとは認め難いところであった。

当初五〇銭でスタートした手数料は、七年後の昭和四七年一月、補正予算による国債増発、七年債から一〇年債へと償還年限が延長されたことなどを背景に、五五銭に引き上げられた。さらに昭和五〇年度からの大量発行を理由に五三年四月に六〇銭、五八年四月に銀行の国債窓販の開始を理由に七〇銭にまで引き上げられた。

このように、引上げ一方の手数料であったが、昭和六〇年度に入り、国債の消化環境が様変わりに好転したことと、表面的には理由としなかったが、悪名高かった売却制限が実質的に解消したことなどから、昭和六一年度予算で逆に大蔵省が史上初めて攻勢に出た。

昭和六〇年八月の昭和六一年度予算概算要求段階で理財局はシ団に対し、概算要求基準における経常行政経費の一〇%マイナスシーリングと平仄を合わせるとして、国債引受手数料と事務費用の支弁である元利払手数料双方の一〇%引下げを打ち出すともに、退路を断つ決意で、主計局への概算要求でも引下げを織り込んだ。これまでの手数料の歴史を逆転させる難事業で、周到な作戦が必要であったことから、シ団幹事との間では、最後元利払手数料の引下げをおりる代わりに引受手数料引下げは実現するという道行きで内々合意していた。ところが年末の予算決定最終段階で、証券界がこれに猛反発、「財政的理由で国債の手数料を引き下げるというなら協力するのにやぶさかではないが、痛みは銀証等しく分け合うべきで、主に銀行が受け取る元利払手数料を引き下げないという妥協案は許せない」と強硬に主張した。その結果、結局大蔵省の打ち出し通り両方引下げで決着した。銀証対立の長い歴史は大蔵省の板挟みの苦労の連続であったが、これは大蔵省が漁夫の利を得た稀有なる例である。まさに「飛ぶように売れる」国債への脱皮を象徴する画期的出来事であった。この結果一〇〇円当たり六三銭となった手数料は、その後一五年以上も続いたが、後述のシ団廃止への漸進的ステップとしての部分的入札制度の導入と、その段階的拡大が進む中で、平成一四年五月に三九銭、一六年五月に二三銭と引き下げられていった。平成一八年三月にシ団が廃止され、現在は二〇銭となっている。ちなみに平成一五年三月に新たに導入された個人向け国債については五〇銭である。

このように手数料の変遷は、マイナーな話ではあるが、国債消化の歴史の縮図ともいうべきものであり、興味は尽きない。

第二節　短期国債誕生秘話

難産の末、昭和六〇年度に導入された短期国債は、同年度からの国債の大量償還・借換を円滑かつ確実に実施するという財政上の必要と、当時ドル高に苦しんでいた米国から、日米円ドル委員会で強く求められていた、日本の金融・資本市場開放の一環としての、短期金融市場の中核商品を提供するという国際金融上の要請との両面からの、差し迫った要請に応えるものであった。

国債大量借換えの要請

第一章第三節の最後「雲散霧消した？ＮＴＴ株売却代金」の項で述べた通り、昭和六〇年度から市中保有国債の大量償還・借換が見込まれ、その対応が国債管理政策上急務になっていた。

日本国債が満期に償還できず、デフォールトするような事態は、万が一にもあってはならない。しかしまだシ団引受国債の休債が年中行事であった当時、年四回、各月の二〇日という特定日に集中して満期が来る、何兆円もの多額の借換債を確実に発行する確信は到底なかった。

もとより、借換債は、一方で国債償還のお金が市中に供給されるのだから、新規財源債とは異なり、資金的にはニュートラルではある。しかし満期が到来する国債はいわゆる期近債であって、短期資金で保有されていることが多い。これが現金化されるからといって、その資金が中長期の国債に向かう保証はない。しかし、もし短期資金を国債の借換えのために有効に吸収する手段、つまり短期（期間一年未満）の借換債が発行できるなら、万一の場合でも国債償還に支障をきたすような事態が回避できるうえ、中長期国債の消化環境が悪い時には短期国債で一時的に繋いで、消化環境が好転した時に中長期債に借り換えるというような柔軟な国債管理政策の運営も可能となる。さらに、平均的にみれば短期金利の方が長期金利より低いので、国債の満期構成を不健全に短期化しない範囲内で、残高の一部を短期国債とすることにより、国債全体としての金利負担を軽減する効果も期待できた。

このように短期国債の導入は、国債償還という財政面からの急務であり、かつ一石三鳥の効果が期待されていた。

国際金融上の要請

一方、時期を同じくして、当時の日米関係、円の国際化と金融自由化という国際金融上の要請からもこれが切迫した課題となっていた。

米国は、昭和五〇年代後半、ロナルド・レーガン大統領の強いアメリカ、強いドル政策、いわゆるレーガノミックスに起因する貿易不均衡に苦しんでいた。特に日米間の貿易不均衡が大きく、昭和五六、五七両年度の米国対日赤字は米国全体の貿易赤字の四割を超える有様であった（表3―1参照）。

こうした状況を背景に米国内で対日不信・不満が高まっていた。当初は貿易問題そのものに議論が集中していたが、米キャタピラー社のモルガン会長を中心とする産業界が、ドル高による競走力

表 3-1　昭和 50 年代後半の日米貿易構造

西暦（昭和）	米国から見て				日本から見て			
	経常収支 GDP 比（%）	貿易収支尻（億ドル）	対日収支尻（億ドル）	対日赤字シェア（%）	経常収支 GDP 比（%）	貿易収支尻（億円）	対米収支尻（億円）	対米黒字シェア（%）
1981 年（昭和 56 年）	0.16%	-396	-181	45.7%	0.44%	20,049	29,665	148.0%
1982 年（昭和 57 年）	-0.35%	-426	-190	44.5%	0.65%	17,762	30,247	170.3%
1983 年（昭和 58 年）	-1.25%	-694	-217	31.2%	1.74%	48,945	43,233	88.3%
1984 年（昭和 59 年）	-2.54%	-1233	-368	29.8%	2.74%	80,042	78,576	98.2%
1985 年（昭和 60 年）	-2.97%	-1485	-497	33.5%	3.67%	108,708	93,693	86.2%

出所：日米両国の貿易統計などから筆者作成。

低下に苛立ち、円安の是正を日本に迫り、これをワシントンの政府関係者に働きかけていった。

　同氏らの主張の核心となる論理は、日米貿易不均衡の原因となっている円安・ドル高問題は、日本の金融・資本市場の閉鎖性に起因しており、日本は金融・資本市場を自由化し、円を国際化することによって、円ドルレート問題の改善に努めるべきである、というものであった。これにレーガン政権が飛びついた。

　昭和五八年一一月のレーガン大統領訪日時に中曽根康弘内閣総理大臣との間で円・ドル問題についての協議の場を創設することが合意された。これを受けて、竹下登大蔵大臣・ドナルド・リーガン米国財務長官の共同新聞発表で、日米円ドル委員会の設置が発表された。

　これに臨む日本側対応の基本的スタンスは、こうした金融・資本市場の自由化、円の国際化は、「①積極的に推進する。②外圧に対応するのではなく自主的に進める。

③漸進主義で段階的に進める」

というものであった。

同委員会の下に、次官・財務官をトップとする作業部会が設けられ、昭和五九年二月から六回の会合が開かれた。その過程で米国は、金融・資本市場の自由化中の金利問題の一環として「政府短期債務の刊行の変更」として政府短期証券の公募入札制への移行を強く求めてきた。同年五月二〇〜二二日のローマでの最終第六回作業部会で激しい応酬が交わされ、日本大蔵省側は、オープンな短期金融市場の整備・拡充の必要性は認めつつも、米側要求に対しては本節の次々次項で後述するような政府短期証券の性格を説明して反論、これを拒否した。

昭和五九年五月三〇日、日米で同時に発表された、日米円ドル委員会作業部会報告書では、こうした日本側の反論の要点を紹介した後、「大蔵省は、さらに、一九八五年度から一九七五年度以降大量発行されてきた国債が償還及び借換えを迎えることとなり、その借換えのためには、今後国債の機関その他について多様化を図っていく必要もあろうと説明した。

こうした状況の下で、短期の国債市場は検討課題の一つである。検討に際しては、財政・国庫制度と深い関係を持つ点に留意する必要があり、今後、以上に議論された点とともに日本の財政制度や金融市場に与える影響を含む様々な観点から検討していくことになろう」(第5章米側関心事項、金利、A金融・資本市場の自由化、3.政府短期債務の慣行の変更)、と書かれている。政府短期証券の取扱い変更は拒否する代わりに、昭和六〇年度から、国債の償還のための短期の国債を発行することを事実上公約して収めたところである。

同時に発表された、わが国金融自由化の基本方針「金融の自由化及び円の国際化についての現状と展望」でも、「短期の国債市場の検討、その際、財政・国庫制度と深い関係を持つ点に留意する必要がある」(3.円の国際化の現状と展望、(2)今後の展望と対応、(ハ)公的準備面)、と書き込まれた。

このように広汎なテーマで日本の金融・資本市場の国際化、自由化を迫った日米円ドル委員会報告書は、日本に関してはその後の金融自由化のアクション・プログラム、行程表となったが、レーガン政権が意図した貿易不均衡の是正には効果なく、結局昭和六〇年のプラザ合意に至る。

なお後日談であるが、ローマでの議論が余りに熾烈であったことから、平成年間に入ってから金融自由化も進み、そろそろ政府短期証券も公募入札に踏み切ろうかという気運が出てきた際、当時の記憶の残っている向きから、米国にあれだけ強硬に反対・説得しておいて、舌の根も乾かぬうちにそんな信義に反することができるか、といわれ実現せず、結局その記憶が風化する平成一一年までかかったという話がある。

最大のハードル、都長銀の抵抗

このように、確実な国債償還の確保という財政的要請と円の国際化・金融自由化という国際金融上の要請の双方から、喫緊の課題となっていた短期国債の導入であったが、その実現にはいくつかの高いハードルがあり、これを一つひとつ乗り越えていく大変な苦労があった。

実質的かつ最大のハードルは、短期国債が魅力ある金融商品になればなるほど、個人預金や割引金融債と競合して資金シフトが起こることを警戒し、短期国債創設そのものに強く反対する銀行界、就中都銀・長信銀の抵抗であった。短期国債が導入されると、国債の引受・販売で証券業界のプレゼンスが高まるという業際上の警戒感も手伝っていた。一方証券界は積極的であって、またまた銀証対立の構図にもなっていた。

このため、前出の国債借換問題懇談会の昭和五九年五月二五日の報告においても、この問題については、次の通り、結論を一本化できず、三論併記という形になった。

「短期国債については、満期構成の短期化をもたらし、また、金融自由化の進展状況いかんによっては金融市場において他の商品との間で期近債よりも深刻な競合を生じるため、消極的に考えざるをえないとする意見、さらに、国債整理基金の資金繰りのために限定すべきであるとする意見及び借換債の円滑消化、国債整理基金の資金繰り手段の必要性、財政負担の軽減等の観点から積極的に検討すべきであり、これはまた、短期金融市場の拡充、投資家としての国民の投資機会の拡充にも資するとする意見があった。

短期国債の発行については、上記の意見を踏まえ、その内容について金融市場に与える影響等にも配慮して十分検討する必要があると考える」（同報告第2借換えに当たっての基本的考え方、1多様化(2)）。

いうまでもなく証券業界は、第三の積極論であった。

この報告が出された後しばらくの間、大蔵省側は専ら次項の財政制度上の設計に頭が一杯で、銀行界との折衝は膠着状態が続いた。

秋も深まって、その財政制度上の問題が決着し、法案の姿が固まってくると、愈々実質問題である銀行界の了解取り付けが目前の課題となったが、依然進展がみられなかった。日米円ドル委員会の合意事項として米国との間の公約となっている昭和六〇年度からの短期国債発行のためには、同年一月の通常国会に法案を提出する必要があった。そろそろタイムリミットも近づいた初冬、大蔵省理財局長が都銀六行の専常務を招待して、短期国債導入が切迫した課題となっている客観的背景事情を肚を割って説明し、理解を得ようと企画した。蛇足ながら、発行者である理財局は国債を買って頂いているシ団側をご招待申し上げる立場であった。とはいっても乏しい予算しかないので、都内の政府関係の福利厚生施設に、出張者の土産やなにやで忘年会用にとってあった酒をありったけ持ち込み、こちらも局長以下六名の六対六で会合をもった。本節冒頭にあるような事情を縷々説明し、理解と協力、せめて明示的に反対しないよう求めた。その後酒宴となり一人当たり一升近くが消えた、当方は事前にバターを舐めて胃壁を守るなど覚悟を決めて臨んでいたので、全員平気であったが、都銀側は三人が完全に飲み潰れ、二人が寸前にまで達し、無事であったのは遅れて参加して警戒していた当時の会長行の専務だけという結末になった。

誠意をもった説得が功を奏したのか、飲み潰された弱みからかは定かでないが、これで都銀も、法案提出自体には反対せず、具体的発行時期、商品設計などは法案成立後あらためて協議というところまで譲歩した。根本的には、日米円ドル委員会以来の金融自由化・国際化の中で、短期国債市場の創設は避けて通れない課題であり、この時流にいつまでも逆らっていると、銀行エゴとして世間の指弾を浴びかねないという、良識的配慮が働いたのであろう。かくして法律改正の障害は消えたが、商品設計をどうするかという具体的な問題は、なお一年以上続くこととなる（後出）。

国庫・財政制度面のハードル

第二のハードルは、国庫・財政制度面の問題で、これが結構難問であった。財政法は、同法第四条などに基づく年度の歳入となる公債と、同法第七条などに基づく国庫の一時的資金繰りのための政府短期証券（蔵券、為券など今日FBと呼ばれているもの）とを法律上明確に区別し、公債については同法五条で日銀引受が（日銀保有国債の乗換を除き）禁止されているのに対し、後者は長年にわたり事実上日銀引受が前提で、金利も公定歩合マイナス〇・一二五％という低利の規制金利に設定されていた。

新たに導入しようとする短期国債は、市中消化の借換債で金利も市場金利となるので、同じ政府の短期債務でありながら一物二価になってしまうのではないかという懸念があった。現に、昭和六一年二月に発行された短期国債の利回りは五・六〇二％、同時期の政府短期証券金利は四・三七五％と大きく開いていた。

この難問をどうクリヤーするかで二年近い歳月と多大なエネルギーが費やされた。政府短期証券こそは、財政と金融の接点に位置する、センシティブな存在で、長年にわたる大蔵省と日銀の深刻な相克の種、金融自由化の完成に最後まで立ちはだかった壁でもあったからである。

政府短期証券とこれを巡る大蔵・日銀の相克

この悩みをご理解頂くためには、政府短期証券（ＦＢ）の法律的性格や歴史に関し、いささか複雑かつ専門的な背景説明が必要である。ご関心のある読者のために少し紙面をさいて解説するが、ご退屈な向きは本項を読み飛ばして次項に進んで頂きたい。

わが国の予算制度では、歳入と歳出は一会計年度全体を通じては均衡すべきものとされており、このために国債発行による収入は、英米のような結果としての赤字のファイナンスではなく、年度の歳入（法律用語では「公債金収入」）と位置付けられている。このように国債発行収入をも含めた歳入と歳出は年度を通じてみれば均衡しているが、現実の歳入の収納時期、歳出の支払時期は様々であり、それぞれ季節的波動があることから、年度内の特定の時期をとってみると、国の支払のためのお金が不足することがある。このような年度内の一時的資金不足を埋める資金繰りのために発行されるのが、大蔵省証券（蔵券）である。年度を通じてみればお金は足りるはずなので（決算赤字の話は別問題）、この蔵券は年度内に必ず償還される。年度内資金繰りのための一時的な借金であるという性格から、これについては財政の健全性を損なうものではないと考えられ、戦後も財政法制定当初から、上記のように公債とは発行根拠を異にし、日銀引受も禁止されていない。この蔵券に加えて、やや性格は異なるが、為替介入のための外貨買入資金を調達する外国為替証券（為券）と、食糧管理時代にお米の在庫金融資金を調達した食糧証券（糧券）とが同様に取り扱われ、この三つを総称して政府短期証券（後にFB）と呼んでいた。

このFBの発行方式は、明治一九年の大蔵省証券第一回発行以来七〇年間は全額日銀引受であったが、昭和三一年に定率市中公募残額日銀引受方式とされた。しかし現実には低金利での市中消化はほとんどなく、実質的にはほとんど変化はなかった。その金利はもともと低利であったが、昭和四二年度から大蔵省と日銀の合意で公定歩合マイナス〇・一二五％と定式化された。政府への一時貸付であるから、民間銀行への一時貸付の最低金利（当時）より若干安いのが筋という考え方に基づく。

このようにFBは国債とは法律的性格も、生い立ちも異なる、全く別種のものと認識され、取り扱われてきた。理財局内の担当も国債課ではなく、国庫の資金繰りを所管する古くからの国庫課であった。ところが新たに導入しようとする借換債としての短期国債は期間が短いというだけで、中長期債と何ら性格の異なることのないれっきとした国債で、両者は全くの別物であった。ただ、同じ政府債務でありながら、何故違うのかという常識的な疑問に説得的に反論して、以上のようなことを理解して貰うのは、日米円ドル委員会の相手である米国財務省はもとより、日本国内、大蔵省内でさえ地理感のない人に対しては容易なことではなかった。

他方、金融市場の余剰資金を吸収するために日銀が保有するFBを市中に売却するオペが金融調節手段として浮上してくる。これは遠く昭和三〇年にまで遡るが、四〇年代にも四七年に売出手形制度が実施されるまで、時々実施された。しかし対象が短資会社に限られ、しかも転売が禁止された、担保貸付に近いものであった。

昭和五三年に至り、日本銀行は金融市場の整備・拡充、金融自由化の推進のための総合的な検討を行ない、具体策を提案した。その一つに政府短期証券の入札発行・期間多様化、入札制によるオペ実施があった。これを受けて昭和五六年五月から金融市場余剰資金吸収のためのFB売りオペの実施要項が合意され、実施された。この間の経緯につき、『日本銀行百年史』は、やや我田引水気味ながら、次のように記述している。

「本行は金利自由化推進の過程で、財政当局に対し政府短期証券の公募入札発行移行とこれによる政府短期証券市場の創設を強く、繰り返し求める努力を行なった。しかし、財政当局は、低利発行ができなくなることによる一般会計の負担増や各種金利規制が存続している状況下で政府短期証券の公募入札を行なうことには問題が多いといった理由などから強く反対し、遺憾ながらこの問題は進展をみなかった。ただ五六年四月以降、本行は季節的な金融市場の資金余剰期に保有政府短期証券の市中売却の実施を開始した。この売却操作は財政当局の強い要請によりかなり制限的な形で開始され、売却価格も入札方式によらず、手形レート基準となったが、四一～四七年にやはり実施された政府短期証券の売却においては本行は短資業者に買戻し条件付きで売却し短資業者から他への転売を認めないものであったのに比べ、五六年四月以降の場合は転売についての制約がなく、一歩正常な姿に近づいたものとなった」

当時の大蔵省では、高金利時代で市場実勢金利と公定歩合マイナス〇・一二五％とでは金利負担に大きな差があり、財政負担の面から容認しがたいというほかに、国庫の短期的資金繰りをみるのは通貨発行権を与えられている中央銀行の当然の責務であるとか、外為介入資金を市場調達している国などどこにもないとかいったタカ派のそもそも論が支配的で、政府短期証券の公募入札は時期遥かに尚早、なんとしても防がなければという空気であった。このために昭和五六年に開始されたＦＢ売却のスキームも、悪くいえば、公募入札に繋がるようなまともな市場は作らせない、欠陥市場に止めておくという意図が見えみえであった。

幻の国債資金（堀）構想

こうした長い経緯のあるところへ、財政法上日銀引受の禁止されている国債の借換債として、短期の国債を発行するとなると、これは必然的に市場金利による発行、それも多分公募入札によることとなる。そうなると同じ政府の短期債務でありながら、一方が市場金利による市中消化、もう一方が低利による日銀引受で一物二価となって説明に窮し、結局ＦＢの公募入札へ追い込まれるのではないかという危機感が生まれていた。

そこで浮上したのが、幻と消えた国債資金構想である。最初のアイディアは衆議院大蔵委員会での旧社会党堀昌雄議員の質問であったことから「堀構想」とも呼ばれた。同議員は当選一一回のベテランで、現実的右派に属し、政審会長、党副委員長を歴任した、旧社会党きっての財政通であり、衆議院大蔵委員会の主《ヌシ》的存在であったが、昭和五六年二、五月、五八年四、九月と四度にわたりこの構想を大蔵大臣への質疑の形で提示した。現状の国債発行は、根拠法の異なる国債それぞれに、市況いかんにかかわらず、待ったなしに特定日に資金調達するために相手方に足元をみられ、不利な条件での発行を余儀なくされているという問題意識から、バーゲニングパワーを高めて資金調達コストを引き下げるよう新たな資金を設置してはどうかという、斬新なアイディアであった。

その後の取り巻く環境の変化があるので、堀構想そのものとは細部は異なっていくが、当時検討された資金構想の骨子は以下の通りである。

（一）新たな資金（たとえば「国債資金」というような）を作って、現行の各種の国の資金調達（建設国債、特例国債、借換債、政府短期証券）はすべてこの資金が市中あるいは日銀から一元的に行なう。各種国債や政府短期証券の年度ごとの発行限度額などに拘束されず、金融情勢に応じ、長短適宜の国債を自由に発行・償還し、時にはプールしておくことも可能とする。

（二）財政節度維持のために存在する現行の各種国債等に関する制約は、この資金と各会計の間の、いわば政府内の資金移動の制約として残すが、市中や日銀との関係は遮断する。

（三）短期の資金調達も、それが借換債なのか政府短期証券なのかといった色を付けずに、この資金で市中、日銀双方から一元的に行ない、資金から必要額をそれぞれの会計に配る。

これで政府短期証券の公募入札移行という、大蔵省としてただちには受け入れがたいドラスティックな変革なしに、日銀の悲願である短期政府債務の市場を創設し、徐々にその発展を図ることができるという苦心の策でもあった。

理財局総務課・国債課の兼務という形で専担の管理職と課長補佐以下を配置し、財政制度を主管する主計局法規課と共に二年の歳月をかけて構想を練りあげ、内閣法制局、日銀とも折衝し、識者の意見も聞いてまわったが、結局実を結ばなかった。一方の原因は日銀が、折角短期政府債務市場を創設、徐々に発展させようという大蔵省側の意図を理解しようとせず、逆にこの資金が悪用されて、なし崩し的に国債借換のための資金に日銀信用が充てられるのではないかとの疑心暗鬼から、事ごとに妨害、資金構想が意味をなさなくなるような無理な条件を要求したことであった。日銀の中枢課長がテレビで「大蔵省とは適度の緊張関係」と豪語したこともあった。新聞も面白おかしく日銀対大蔵省の対立という構図を煽った。もう一方の原因は法体系上のハードルで、資金の出口である各会計の側で現行法の様々な制約を維持しながら、資金の入口は色のつかないお金という仕組みにどうしても内閣法制局の了解が得られなかったことである。

結局時間切れとなって、最低限何が必要かを原点に立ち返って検討した。一物二価論は、物が違うのだと割り切り、国債整理基金特別会計で短期の借換国債の発行を可能にするとともに、翌年度分の償還資金を、前年度末の発行環境が良ければその間に前倒しで調達もできる、借換債年度越し前倒し発行制度を設ければよかろうということになった。

この二つに加え、青天の霹靂であった前出のNTT株の帰属を内容とする画期的な国債整理基金特別会計法の改正が昭和六〇年度の通常国会で成立し、これで六〇年度からの国債大量償還・借換に備える制度上の手当はでき上がった。

今から振り返っても、政府短期証券を巡る大蔵省、日銀の相克は、双方共に内部で、不毛の建前論ないし面子論を振りかざすタカ派が幅を利かせ、徒に相互不信を煽って、国のための建設的解決を遅らせていたという感があり、筆者個人としても苦い思い出である。日本組織の宿痾《しゅくあ》なのかもしれない。

税制の壁

最後まで残った難問が税制で、短期金融市場の中核商品として償還までの間に何十回も転々流通させるためには、当時の有価証券取引税と割引債発行時の源泉所得税が致命的な障害であった。そのうち、前者は比較的簡単に免税とする方向が打ち出されたが、源泉所得税の方はわが国税制の根幹であり、当時の「国債に関する法律」で「国債ニハ無記名証券ヲ発行ス」とされていたこともあって、税制当局の姿勢は固かった。割引金融債が長年にわたり脱税の温床になっていたことも影響していた。また一方、割引金融債発行元の長信銀としても、新しい短期国債（ＴＢ）が個人を主たる対象としている割引金融債とは異なり、プロの機関投資家を対象とする大口商品であるとはいっても、やはり税制上取扱いが異なるのは心穏やかではなかった。

結局、最低単位を一億円以上とした上で、振替決済制度を活用して個人の取得を排除する仕組みを構築し、これを前提として、最終所有法人に源泉税の全額控除という特例（本来なら保有期間に対応する割合のみが控除される原則なので、この特例を通期控除という）を認めるという、複雑かつやや中途半端、不本意な制度でスタートした。同時に、これまで市中流通を前提としていないことから非課税とされていたＦＢについても、市中売却が進んできたことから、同様の仕組みで発行時源泉徴収を行なうこととなった。

ＴＢ、ＦＢの発行時源泉徴収が免除されるようになったのは、昭和六一年二月の第一回発行から一三年余りを経過した平成一一年四月になってからである。

あえて先送りした商品設計

前出の通り、短期国債発行の為の法律改正は、昭和六〇年一月の通常国会に提出された。法案提出の時点では、もともと短期国債そのものに反対してきた銀行界、特に割引金融債との競合を懸念して短期の割引債には絶対反対の長信銀と、促進派の証券界の対立が続き、期間、発行方式等商品性について合意が得られる見通しが立ち難かった。そうした状況下で商品性の議論を開始すると、銀行証券の対立が面白おかしく報道され、法案の国会審議に悪影響を及ぼすことは必至であった。そこで、「商品性も決めずに法案を出すのか」という正論をあえて無視して、一切の商品性論議を法案成立まで凍結、先送りした。前出の五年割引国債導入失敗の教訓に省み、その轍を踏まないためである。同年六月、法案が成立する頃には世の中が進み、金利自由化の機運が飛躍的に高まっていて、時ならずして熟柿が落ちるように、期間六か月（将来は三か月も）の割引債という常識的なところで関係者の合意が円滑に形成され、短期国債は無事誕生した。

脇道にそれるが、かつて不良債権処理、金融システム改革を語る時、異口同音に叫ばれたのは当局が問題を先送りしてきたのが悪い、との大合唱であった。確かに、「本降りになって出ていく雨宿り」とは、かなりの場合真理である。

しかし本件は、徳川家康の「鳴くまで待とう」ではないが、機の熟するのを待つことが良い結果を産むこともあるという教訓であり、太田道灌の古歌に曰く「急がずば、濡れざらましを、旅人の後より晴るる野路の村雨」という教訓でもある。

以上紹介した短期国債誕生までのこれらの経緯は、やはりわが国財政金融発展史の縮図ともいうべき一つのエピソードであろう。

短期国債その後の発展

こうして難産の末誕生した短期国債は、国際公約通り昭和六〇年度内の六一年二月に五一七四億円、三月に五〇六二億円が公募発行されて無事スタートした。応募倍率はどちらも二倍を超える好評であった。

発行時源泉徴収という税制面からの若干の欠陥はあったものの、これを市場の工夫でカバーし、次第に期待どおり短期金融市場の中核商品に育っていった。発行残高は、平成元年には五兆円、五年度には一〇兆円を超え、現在では変動はあるが概ね四〇兆円程度に達しているが、大切なのは取引高であり、売買高は、一〇年度片道二一〇兆円余、一二年度三五〇兆円余と拡大していった。

制度面では、平成一〇年一二月二二日の「円の国際化の推進策について」を受けて、翌一一年四月から、長年の課題であったFBの市中公募とTB、FBに係る発行時の源泉所得税廃止が実現した。平成二一年二月にはFBとTBの統合発行が可能となり、長年にわたる法制上のタブーが破られた。発行根拠法を異にする公債の統合発行は、昭和五六年度に建設公債とその借換債、六一年度に特例公債と借換債、平成六年に建設公債と特例公債で始まっており、これでかつて国債資金構想が目指したすべてが、資金の設置などという大仕掛けなしに、発行実務の変更で実現したことになる。その結果、現在では、市中との関係では、TB、FBの区別なく、国庫短期証券（T-Bill）として取り扱われており、その残高は平成二七年六月末現在で一五二兆円、その保有者別内訳をみると、銀行等一六・五％、海外三五・六％、日本銀行と一般政府四六％などとなっており、半分以上が海外を含む市中保有である。

さらに国庫と日銀の関係については、平成二五年度、大規模災害・システムダウンなどの非常時に国債整理基金が日銀から一時借入金をする途まで開かれた。短期国債導入当時、法制面と日銀の二つの厚い壁に阻まれて、国債資金構想の挫折を体験、苦い思いをした当事者としては、まるで別な惑星の話のようにさえ感じられる。

第三節　郵貯窓販実現まで

郵貯の歴史的貢献と肥大化

明治一一年五月に、大蔵省国債局で後の郵便貯金となる逓信局預金を受け入れ、これを政府が運用することとなって以来、戦前戦後を通じて、郵便貯金が全国津々浦々にある身近な郵便局のネットワークを使って広く国民貯蓄を奨励し、吸収してきた。戦後はその資金を運用部を通じて、財政投融資計画や昭和四〇年度以降は国債引受の原資としても活用して、特に戦後日本の復興・発展に多大の貢献を果たしたことは紛れもない事実である。

しかし、郵便貯金（郵貯）や簡易保険・郵便年金（簡保）が昭和四〇年代以降急速に肥大化していくにつれて、民間金融機関との競合は次第に深刻化し、折に触れて両者の対立が顕在化した。その底流には、官業のあり方というような、経済の構造にかかわるイデオロギー対立もあったのであろう。

昭和五四年秋、郵政省が新種郵便年金の創設構想を打ち出したのに対して民間金融機関側が反発、政治折衝の結果の「三大臣（竹下登大蔵大臣、大西正男郵政大臣、伊東正義官房長官）覚書」で一年送りとなった。翌五六年度予算編成において党三役裁定で、内閣に中立的な検討の場（その後いわゆる「郵貯懇」）を設け、①民間預金金利と郵便貯金金利の一元的決定、②個人金融分野における官業のあり方、③郵便貯金の自主運用（運用部への預託をやめて自ら直接運用すること）の三点について審議し、同年八月末までに結論を得ることとされた。

その郵貯懇（会長――有澤廣巳、委員――円城寺次郎、大来佐武郎、土屋清、吉國一郎の各氏）は、昭和五六年八月二〇日に報告書を発表したが、その内容は、郵政省側の主張をほぼ全面的に退けるものであった。

郵貯懇報告から決定的対立へ

これに反発した郵政省は、八月末、郵便貯金の自主運用、郵便局窓口での債券販売などを含む盛り沢山の制度要求を昭和五七年度予算要求に織り込み、ここから郵政対民間金融機関・金融当局・日銀全面対決の構図となってしまい、この状況が昭和六一年まで続く。

郵便局窓口での国債販売という発想は、実は昭和四〇年代前半の国債発行揺籃期から、シ団の横暴に対するバーゲニングパワーの一つとして、理財局の一部にも古くからあったし、本音では、個人消化促進のため、歓迎すべきものであった。しかし民間金融機関との関係や、これが募集残や、はね返玉の保有を通して、郵貯の自主運用へ繋がるという懸念から、現実問題としては検討もされずにいた。

そのうちに、以上のような経過で国債窓販問題も郵政問題全体の一部となり、国債課としては身動きできない状態が続いた。与野党ともに郵政シンパが揃っている国会の逓信委員会に呼び出されて、「国債の円滑消化に役立つのに、何故反対するのか」と追及され、本音ではやって欲しいのに、全省的な方針から「官業は民業の補完であるべきだから」とかなんとか説得力のない答弁しかできないのが悲しかった。

大型間接税導入と郵貯課税の多元連立方程式

一方財投は、この頃深刻な三重苦に悩んでいた。当時、公庫・公団などへの運用部からの貸出金利は、郵貯、年金などからの運用部への預託金利最長期七年以上物と同一であった（運用部はコストがネグリジブルなので利鞘が要らない）。その預託金利は資金運用部資金法で六％＋特利と法定されていた。預託金利法定制は、預託義務の見返りとしての預託者の権利保障であり、財投の基盤である政府資金の統合運用制度と表裏一体のものと認識されていた。しかし、こうした硬直的な運用部・財投システムは資金不足からカネ余りへとの経済の構造変化に起因する昭和五九年央以降の長期金利の趨勢的低下の下で、維持困難となっていた。財投金利＝七年以上物預託金利の引下げ（特利の縮減）は、郵貯、年金など預託側の抵抗で常に市場金利の低下に遅れ気味であったが、特に昭和六一年三月国債表面利率が六％を割り込むようになってからは、財投金利は法律上最下限の六・〇五％に貼り付き、市場金利との格差は広がる一方となった。その結果、①先ず運用部の国債運用が逆鞘になり、大幅な赤字構造となる、②財投金利の市場金利への有利性が失われ、財投借入れへの需要が激減、財投制度存立の意義すら問われかねない事態となる、③住宅金融公庫などで既往の高金利貸付の繰上償還が多額に上り、放置すれば巨額の財政負担となる反面、これを運用部に繰上償還させれば運用部の赤字が増え、他にも波及して運用部がもたない、という三重苦である。

これを打開するのには、法律改正をして預託金利を市場連動化するしか方策がないのであるが、前述の通り法定制は統合運用と一体のものと認識されており、そのためには統合運用を一部でも崩す（一部でも自主運用を認める）覚悟が必要であった。

しかしこの頃すでに、昭和六二年度からの売上税導入が視野に入ってきた。大衆課税と目されている大型消費課税の導入には、渡辺美智雄元大蔵大臣などの強い主張で、金持ち優遇とされたマル優の廃止が政治的に大前提となっていた。マル優廃止の為にはイコールフッティングで開闢以来非課税であった郵貯の利子にも課税することが必須であったが、それには郵貯自主運用、窓販という代償が不可欠であった。従ってこれらのカードは、風が吹けば桶屋のようなこの連鎖の一括セットのために売上税導入決定時まで温存しておく必要があったので、財投や国債の都合で持ち出すことは許されず、ただ時期を待つほかなかった。

歴史的な政府・党合意

昭和六一年一二月五日未明、売上税導入、郵貯利子課税の決定と並行して、竹下登幹事長、安倍晋太郎総務会長、伊東正義政調会長がサインした手書きの党三役裁定が下された。内容は、①郵便貯金のいわゆる自主運用を二兆円認める、②預託金利法定制を改める、③預入限度額を五百万円に引き上げる、④郵便局のいわゆる国債窓販を一兆円認めるというもので、大蔵、郵政両省は前記四項目につき可及的速やかに具体案を協議、作成することとされた。これを受けて同日夕刻、財投システムの中での郵貯資金の自主運用のスキームと今後五年間の運用金額、郵貯国債窓販の開始と預託金利の法定制廃止などについての六項目からなる具体的内容が、「郵便貯金非課税制度の改定に際しての政府・党合意」として一括合意され、党側は先の三役に加え山中貞則税制調査会長、山下徳夫行財政調査会長、政府側は後藤田正晴官房長官、宮沢喜一大蔵大臣、唐澤俊二郎郵政大臣がサインしたタイプ打ちの歴史的文書が公表された。

いまだから話せるが、これだけ多岐にわたり複雑な仕組みを定めた具体案が、党三役裁定を受けてから僅か数時間でまとまるはずはない。高度に政治的な話だから、両省とも事務当局は一切表面に立てず、建前論から一歩も出ない全面対決の構えでいるほかはなかったが、水面下では超隠密裏に、両省それぞれ事務次官の全幅の信頼の下に委任を受けた二人の密使間で、数十日にわたり濃密な協議折衝が重ねられ、合意案がすでに金庫に入っていたのである。世間の目からは、決定的に対立し、対話も成り立たないように思われていた両省であるが、(金融関係部局を除く) 大蔵省と郵政省との間では、細いながらも堅固な相互信頼の糸が繋がっていたという歴史の真相である。

さらに、あえてひとことといわせて頂くと、郵政が圧倒的な政治的強みを誇り、民営化にあれほどの歳月と破壊的ともいうべき政治的エネルギーを要するほどであったのは、民間金融機関やこれに同調するマスコミがステレオタイプに断ずるような特定郵便局長の集票力だけが原因ではない。郵便局が長年にわたって地域住民のために親身に尽し、親しまれ慕われてきた結果、「郵便局は庶民の味方、銀行は不親切」という素朴な実感が広く国民の間に浸透していたからである。銀行は、官業であるといって郵政を目の敵にする前に、自らのこれまでの顧客サービスのあり方を反省せよというのが、筆者の年来の持論である。

この政府・党合意を受けて、翌六二年三月、預託金利を政令に委ねるという画期的な資金運用部資金法改正など一連の法案が成立した。これが国債金利自由化に続く、第二の公的金融の自由化である。ただ、経済原理の通じない年金の抵抗で、やや中途半端なものに止まったのが残念ではある。窓販は当初翌六二年一〇月実施の予定であったが、老人マル優制度の発足と合わせ、昭和六三年四月からの実施となった。この政府・与党合意こそ、平成一三年度の財投改革の第一歩であり、郵政民営化の芽生えであったともみることができる。

全国津々浦々、他の金融機関が採算上の理由で進出していない僻地にまで、二万余の店舗を有する郵便局の窓口で国債が販売されることは、国債販売の裾野が広がり、個人消化促進の上で、極めて有効なことであった。これが国債を発行する側からの本音である。

関連して、農協窓口での国債販売について付言する。昭和五八年四月に銀行等による国債窓販が実現するのと合わせ、農協が上部機関でシ団に加入している農中に国債購入希望者を紹介する制度が発足した。農協も全国に広く店舗網を有する点で郵便局と類似し、競合関係にあるので、郵便局での窓販が認められるまでは、こうした紹介に止めた。郵貯窓販が実施された昭和六三年四月からは、全国すべての農協で国債の販売ができることになった。

第四節　国債市場の高度化・グローバル化、シ団の終焉

本節では、国債の発行流通市場に関するこの二章の締めくくりとして、グローバル化、金融技術革新が進むもとでの国債消化面の進化を振り返り、今後の方向を探る参考としたい。先ず海外投資家の日本国債投資とこれに関連する外国金融機関等の国内国債市場へのアクセス改善問題、次にシ

団離れからシ団の終焉への足取り、さらに、高度情報化の進展やグローバル化に対応するための商品揃えや金融技術面での革新、そして最後に個人消化の順で整理する。

外銀・外証の国内市場アクセス改善と海外投資家のプレゼンス

日本国債の海外投資家による保有割合は、一〇年位前の四％程度から徐々に増えてきたとはいえ平成二六年度末で九・四％と、他の主要国の国債に比して、かなり低い。ちなみに米国債三三・五％、英国債一四・二％、ドイツ国債四〇・四％となっている（平成一四、五年の計数）となっている。しかもその過半は満期一年以下の国庫短期証券（ＴＢ、ＦＢ）であって、中長期国債では五％程度に止まる。

しかしながら、海外投資家の日本国債に対する関心が薄いわけではない。現に流通市場での海外投資家のプレゼンスは高く、この数年多少の変動はあるが、概ね、現物取引で二〇％、先物取引では四〇％で推移し、市場動向を左右する大きな影響力を持っている。

金融機関の国債ディーリングが解禁された昭和五九年度に、外国銀行三行、外国証券会社四社がシ団に参加して以来、その数は逐年増え、本邦バブルのピークにはともに三六行、三六社に達したが、その後の日本経済の長期停滞を映じて、平成一三年度には半数以下に減少した。

本章第二節で紹介した日米円ドル委員会でも日本の国債市場への海外アクセスの改善が問題とな

り、同委員会報告書「4.外銀による国債ディーリング業務」で次のように書き込まれた。

「大蔵省は資格を有する外国銀行支店に流通市場における国債ディーリング業務を認める意向であり、(すでに準備に入っている銀行もある旨など(中略))国債のディーリング業務に係る外銀の資格の検討に当たっては、当該外銀の本国における国債取扱いの経験が、考慮されること、及び、日本の国債引受シ団への参加は一つの判断要素ではあるが前提条件ではないことが了解された」

これを受けた昭和五九年五月の前掲「現状と展望」では、「(2)今後の展望と対応(ハ)業務内容」で、「外国銀行、外国証券会社の我が国への進出、活動については、今後とも、内国民待遇の原則を堅持していく」と書かれている。

円ドル委員会終了後昭和六三年四月までの間定期的に開催された、日米フォローアップ会合において米国は、市場への参入問題に止まらず、制度や慣行の変革についてまで執拗に求めてきた。米国が望ましいとするシ団引受一〇年債の全面入札制への移行は、当時のわが国としては到底応じられるものではなかった。そこで、昭和六二年四月、①中期国債の参加資格を緩和し、アクセス可能な外証数を二社から三五社に大幅拡大する、②外証のシ団内シェアを〇・二%から一・五%へと五倍に拡大する、③外銀のシ団参加の要件中「支店開設後一〇年以上経過」という要件の撤廃、④昭和六一年度に導入したシ団二〇年債を六二年秋から公募入札に切り替える、などの措置を決定し、同年六月発表の「金融・資本市場の自由化・国際化に関する当面の展望」の「8.外国金融機関のアクセス改善⑵国債発行市場へのアクセス拡大」に織り込んだ。さらに、一〇年債について、固定シェアによるシ団引受のほか、発行額の一定割合を入札方式で発行する仕組み（引受額入札制度）を導入することを予告した。これについては次のシ団の項で詳述する。

これらの措置をさらに進めて、翌昭和六三年九月大蔵省は、「国債市場の整備等」を公表、同年一〇月からシ団内のシェアを外銀約〇・九％から一％へ、外証一・六％から七％へ、外国合計二・五％から八％へと三倍以上に拡大するとともに、引受額入札制度を一歩進め、シ団引受額の四〇％を価格競争入札で発行し、その平均価格で残りの六〇％を発行するという、シ団発足以来のコペルニクス的転換を打ち出した（これも次項で後述）。

その後の金融資本市場の自由化の進展と、わが国のバブル崩壊、それに続く失われた四半世紀で、こうした対外金融摩擦は姿を消し、昔話となってしまった。むしろ今後の問題はわが国の必要から国債の海外消化をどう進めるかである。平成一七年一月には日本国債の海外説明会（ＩＲ）も開始された。個人的には、これは悩ましい問題だと感じている。経常黒字が消滅すれば、いやでも資本収支の流入に頼ることとなり、その大口は日本国債であろうが、日本の国債発行当局が、グローバルな市場でしたたかな海外投資家を相手に互角に戦っていけるのか、自信がない。今でも海外投資家の国債保有割合は九％なのに、市場での取引高のシェアでは先物で四〇％、現物で二〇％とプレゼンスが高く、影響力を行使されている。何らかの理由で市場に想定外のショックが加わった時、逃げ足の早い海外勢のシェアが大きいことは混乱を実態以上に大きくするおそれがあり、心配である。それでなくとも、わが国の対外純資産は、内外金融機関の運用力の差を映じて目減りしており（拙稿「なぜ黒字国・日本の対外純資産は目減りしているのか」〇八年四月七日『週刊金融財政事情』）、国債の海外保有が増えることは必ずしも国益には繋がらないように思え、余り乗気になれない。

ただそうはいっても、筆者は「日本国債は国内貯蓄では保有されているから、少々残高が大きくても心配ない」という議論にくみするものではない。この点については第五章で詳しく説明する。

シ団離れからシ団の終焉へ

国債暗黒時代からの脱却のための公募入札導入によるシ団負担軽減努力の結果として、国債発行額に占めるシ団消化の割合（シ団への依存度）は、昭和五二年度の八六・七％から、五七年度四三・二％、六〇年度三五・一％と顕著に低下、シ団離れが進んだ。昭和六一～六三年度一時的に再び四〇％前後まで上がったのは、前述の火種論などシ団側からの要請によるものである。

こうした中で、昭和六二年一一月、一〇年債の引受額入札制度が導入された。これは前述の通り、日米金融フォローアップ会合での米国側の競争入札移行への強い要求を受けて、工夫したもので、シ団の残額責任引受による安定消化機能を維持しつつ、引受シェアの弾力的調整と外国金融機関のアクセス拡大を図るための苦心作であった。具体的には、毎月発行額の二〇％について、一社当たり応募枠の五％（発行額の一％）を限度として、発行条件未定のままで、引受希望額の入札を行なうというものである。実施後毎月、応募額が二〇％という応募枠を大幅に上回る状態が続き、特に外証が積極的な応札を続けてそのシェアが大幅に拡大し、一応所期の目的は達成した。

しかしながら、外国金融機関をはじめとするシ団メンバーから、発行条件未定のままの入札は不透明だ、との不満が出され、結局この制度は一年半足らずの短命に終わり、平成元年四月、部分競争入札方式に移行する。シ団引受の四〇％について、発行額と表面利率を示して価格競争入札が導入された。入札価格の高い順に、順次落札枠である発行額の四〇％に達するまで落札とし、落札者は自分の入札した価格で購入するという、これまで中期国債で採られてきたコンベンショナル方式である。そして残りの六〇％については、競争入札部分の加重平均価格で、シ団全員が従来通りのシェアで引き受けるものである。こうしてシ団発足以来初めて、発行条件に競争原理が導入された。

競争入札部分の割合は当初の四〇％から、平成二年一〇月に六〇％、一四年五月に七五％、一五年五月に八〇％へ引き上げられた。平成一五年一二月の「国債管理政策の新たな展開」に沿って、一六年五月八五％、一七年四月九〇％と逐年拡大した上で、ついに一八年三月、四〇年間続いたシ団が廃止された。

ラストリゾートともいうべきシ団の廃止に当たっては、これに代わる円滑消化のための万全な方策が必要とされることから、平成一六年一〇月に国債市場特別参加者（プライマリー・ディーラー）

制度を導入、各種の定期的意見交換の場を設けるなど、市場との対話の充実強化が図られてきている。

金融技術革新への対応

デリバティブなど金融技術革新への国債の対応の嚆矢は、もう今から三〇年も遡る昭和六〇年一〇月に開始された、長期国債先物取引である。その折の、これに対する発行者としての立場からの国債課の関わりあいについて振り返る。国債を中心に公社債の残高が累増し、取引高も爆発的に増加するのに伴い、債券の価格変動リスクヘッジ手段整備の必要性が認識され、昭和五九年一二月、証券取引審議会の公社債取引部会が「我が国に、取引の対象を長期国債として証券取引所に、機関投資家中心の債券先物市場を創設すべき」との提言を行なった。これを受けて昭和六〇年六月所要の法改正が成立、同年一〇月東証で債券先物市場が発足した。発行者としてもこの大きな政策目標には全く異存なく、歓迎するところであったが、国債の個人消化を重視している立場からは、個人投資家が不慣れな先物取引で不測の損害を被り、国債のイメージダウンにつながることは何としても避けなければならなかった。そこで、債券先物は標準物長期国債を対象とするとはいえ国債そのものではないことの周知徹底や、宣伝パンフレットに現物国債券面の写真を使わないこと、個人に売り込まないことなど色々喧しく注文を付けた。一〇月一九日発足した先物市場は、ご祝儀相場の剥落と、同月二五日の日銀の短期金利高目誘導策を受けた現物債の史上最大の暴落が重なって、不幸にも発足早々大暴落という手厳しい目に会ったが、かえってこれがあく抜きとなり、先物というものはこういうものであるという認識が早々と浸透したことで、懸念したような国債そのもののイメージダウンは起こらずに済んだ。

もう一つ標準物国債のクーポン・レート設定を巡るエピソードがある。先物取引に使われる標準物国債というのは、現実には存在しないバーチャルなもので、コンバージョンファクターというものを使って現物と換算するので、そのレートはどう決めてもよいものではあるが、一度決めたら未来永劫変更しないという性格のものであった。検討の初期から関係者の間で、これまで発行された国債の平均の七％、ということでコンセンサスができていた。これに対し国債課長の筆者が唯ひとり頑強に反対した。すでに昭和五九年一一月債から表面利率は六％台が続いており、そろそろ六％割れも視野に入る時期であったし、これから低金利時代に入るという中で単純に過去の実績の平均を使うというのには納得できなかった。「所詮理屈の無い話なら、今発行されている国債が標準以下の『寸足らず国債』だといわれるのは嫌だという、発行者の気分だって決め手になる」と主張、とうとう皆根負けして六％で決着した。今となってみれば六％でも七％でも五十歩百歩であるが、当時としては正しかったと思う。

その後、平成元年四月から債券店頭オプション取引が、二年五月から債券先物オプション取引が開始された。

平成一〇年一二月二二日の「円の国際化の推進策について」を受けて、翌一一年四月から、長年の課題であったFBの市中公募とTB、FBに係る発行時の源泉所得税廃止が実現し、併せて同年一月から繰上償還条項が撤廃された。平成一五年一月に元本と利札を分離したストリップス債、一八年一二月に物価連動国債発行開始、一九年四月に国債整理基金によるオプション取引等を可能とする法改正が成立し、品揃えは揃った。平成二一年二月にはFBとTBの統合発行が可能となり、長年の懸案が解決した。このほか、平成一一年に三〇年債、一二年に一五年変動利付債、一九年に四〇年債の公募発行が開始された。金融技術革新そのものではないが、前述の平成一二年二月からの念願の五年利付国債が発行され、一五年三月には個人向け国債が導入された。かくして、金融構造の変化に即応して、つまらない業際間のタブーや抵抗に邪魔されることなく、最適な国債管理政策として、何でも機動的にできるようになった。今後とも、円滑な市場との対話を通じて、新たな世界的金融環境の変化や、金融技術革新に応じて、時代に遅れることなく適切な対応が適時に実現されることが期待される。

個人消化の促進

昭和四〇年代の国債発行揺籃期において、個人消化は国債管理政策上の重要課題であった。個人消化とほぼ同義語であった証券シェアの一〇%は市中消化のシンボルとまでいわれ、証券シェアの消化可能額から逆算して国債発行可能額が制約された時代すらあった。そのために国債別枠マル優制度や中国ファンドの創設など様々な対策がとられた。その結果、国債残高の個人保有割合はピークで一三％台を記録していた。これに当時郵便貯金を通じて資金運用部が保有していた実質的な個人保有分二五％程度を加えると概ね四割が個人保有であった時代もあった。

しかしその後色々な時代の変遷を経て、昭和五九年六月、国債のディーリングが始まり、時期を同じくして国債発行条件の市場実勢化が定着してくると、ディーリング玉としてのシ団一〇年債に対する金融機関の需要が急速に増大し、個人消化分が次第に切り捨てられていった。つまり個人が国債離れしたのではなく、当局と金融機関、証券会社が個人離れしていったのである。さらに金融機関からは個人消化国債が預金・金融債と競合するとして、その商品性の向上には常に根強い抵抗があった。すでに金余りが顕著になって久しい平成八年の時点ですら、五年利付国債の導入が長信銀のなりふり構わぬ抵抗により見送られた。個人保有割合は低下を続け、現在では中長期国債でも二％程度にまで低下した。英米独に比しても極めて小さい（米国一三・八％、英国九・六％、独一七・七％）。わが国の資金フロー上、個人貯蓄が銀行預金に集中し、その結果リスクも銀行部門に集中し過ぎていることが金融システム全体の脆弱性の一因と指摘されている。これを是正するためにも国債の個人保有を高める方策を大胆に進める必要があったが、こうしていったん個人が国債市場から離れ、年月が経ってしまうと、今度はこれをもう一度呼び戻すのはそう簡単なことではなかった。まして、国債発行初期とは様変わりに内外の個人向け金融商品が氾濫し、個人の商品選択のレベルも桁違いにアップしている現在、いったん袖にした個人にどう国債に目を向かせるのか、当局の商品性の工夫に加え、販売金融機関、証券会社の意識改革と抜本的販売戦略の革新が必要であった。

やっと平成一五年三月に個人向けの変動利付国債が導入された。平成一三年度の財投抜本改革や、その後の郵政民営化を考慮すれば、むしろ遅きに失した感すらあるが、その後も魅力を高める工夫がなされており、今後期待されるがなお課題は残る。

今日のような超低金利時には、変動利付債は個人投資家にとって大変な魅力である。しかし、かつての定額貯金の人気は、預替えが可能という、変動金利に近い商品性と同時に、高金利の時に預け替えればこれが満期まで保障されるという長期固定の魅力によるところが大きい。個人向け国債も商品の品揃え全体として同様の魅力が必要で、変動利付債とともに、高金利時にこれを長期に保障する商品も揃えておく必要があろう。さりとて現行の一〇年利付国債は個人になじみが薄くなってしまい、過去の実績からみて金融機関、証券会社の営業努力にも期待できないので、この際、長期固定金利国債についても個人向け新商品を創設してはどうか。

筆者はある専門紙のコラムで、長年の持論である進学貯蓄国債なる個人向け六年割引国債を提言した。税制は、免税債などとない物ねだりせず、通常の割引債課税でよい。日本の育児上六年がサイクルで、子供は六歳で小学校に上がり、六年後に中学へ、さらに六年後に高校を卒業する。個人にとって少額の利息を年二回受け取っても運用できず、満期一括受取の割引債が有難い。六年満期の割引債があれば進学資金貯蓄の為にも、祖父母からの出産・入学祝いにも重宝で、人気の出ること請け合いである。変動利付債と併せ全国津々浦々存在する郵便局を消化窓口として活用し、三〇〇〇億円どころか数兆円規模の国債個人消化を目指すべきである、というものであったが、残念ながら反響はなかった。この低金利では絵空事なのであろう。個人的なアイディアはさておき、いずれにしても、個人消化促進には今後とも知恵を絞り、個人のニーズを汲み取って、積極的に取り組む必要がある。

第四章　国債残高膨張をもたらしたもの

再び財政面の話に戻り、本章では現実の財政で国債残高のとめどなき膨張をもたらすきっかけとなった歴史的出来事、政治社会的背景・世論の動向、各アクターの行動などを様々な角度から分析する。第一節で財政法の健全財政原則放棄のきっかけとなったニクソン・ショック以来の経済政策の潮流をたどり、第二節で国債残高累増のメカニズムをやや計数的に分析、第三節で歳出膨張を招いた政治社会的力学を実体験も交えて解明、第四節で寄り道ながら、これまでの消費税導入と増税を財政の収支というだけの面からみると、今のところまだマイナスだというショッキングな話をする。最後に第五節で、前二章との関係も踏まえて、国債円滑消化のための努力が成功したことが、国債草創期にみられたような国債膨張への市場面からの歯止めを失わせるという皮肉な結果になったことを振り返る。

第一節　すべての始まりはニクソン・ショックから

ニクソン声明の概要と世界史的意味

今日の天文学的国債累増をもたらした国債増発の第一歩はニクソン・ショックであった。

一九七一年（昭和四六年）八月一五日（日本時間一六日午前一〇時）、リチャード・ニクソン米国大統領は、ドル防衛、景気刺激、インフレ抑制を内容とする「新経済政策」を発表した。その概要は次の通りである。

一　ドル防衛措置

イ　外国公的当局保有の米ドルと米国保有の金《きん》との交換の一時停止

ロ　一〇％の輸入課徴金の賦課

二　設備投資税控除の復活、自動車消費税の廃止、個人所得減税の繰上げにより総額六二億ドルの減税による景気刺激措置

三　物価・賃金の九〇日間凍結、一九七二年度連邦歳出の四六億ドル削減等によるインフレ抑制措置

この新政策の中核がドル防衛策、就中即日実施された金と米ドルの交換停止にあったことはいうまでもない。これだけの歴史的大変革、かつ他国に甚大な影響を及ぼす措置でありながら、この声明は日本のみならず、欧州諸国に対しても何の事前連絡もなく発表されたという。当然欧州諸国は猛反発し、米国は翌日ボルカー財務次官をロンドンに派遣して主要国通貨当局秘密会議で説明を行なったが、それぞれ言い放しで物別れに終わり、欧州諸国は次々と為替市場を閉鎖、概ね一週間に

わたる閉鎖後、多数の国では変動相場制、フランスなど一部が二重為替相場制に移行し、世界中の為替市場の混乱が続いた。

第二次世界大戦後の国際経済秩序の根幹をなす国際通貨制度は、金との交換性を保証された米ドルが基軸通貨となり、他通貨がこの米ドルに対して固定相場関係を維持するという、いわゆるブレトンウッズ体制であった。従って、このニクソン声明はそのブレトンウッズ体制の崩壊を意味した。流石に米国も国際通貨制度の番人であるＩＭＦ（国際通貨基金）のシュバイツアー専務理事だけには直前に通告していたといわれるゆえんである。

さらに突き詰めて、米国がここまで追い込まれた背景をたどれば、それは戦後世界経済史の帰結である。日本、ドイツをはじめとする各国が戦後復興を果たした後著しく発展し、一方米国はベトナム戦争の戦費負担などもあって国際収支が赤字に転落、赤字幅は時代を追って拡大、一九六〇年代末には日独の黒字と米国の赤字のコントラストが目立つようになっていった。そうした中でフランスのように稼いだドルをせっせと金に交換するような国もあり、米国の金準備が底をつきかねないという危機感も高まっていた。米国内はスタグフレーション、忍び寄るインフレの下での経済停滞で失業は増大、国民の不満は高まる一方であった。やはりこれも、敗戦国その他戦争で打撃を受けた国々を一手に支え、世界経済の成長を牽引してきた米国が、その負担に耐えられなくなり、各国にも応分の負担を求めるという、米国主導戦後経済レジームの終焉を意味する。日本やドイツからみれば、米国に助けて貰っていた時代が終わり、今度は自らが世界経済のために応分の負担をしなければならなくなったということである。

このようにニクソン声明、日本からみればニクソン・ショックが世界の戦後レジーム終焉の第一幕（その後冷戦終結があるので少なくとも第二幕はある）を意味する大変革であったことを理解すれば、以下に述べるように、これが戦後日本経済、日本財政にとっての最大の転換点、一種の不連続点となったことは、あながち無理からぬことであったともいえよう。ただ、問題はそののちのちの対応にある。

黒船再来にも比すべきニクソン・ショック

寝耳に水のニクソン声明第一報に接し、即座に問われたのは先ず当日の日本為替市場を開けておくか否かであった。大蔵省内でも論争となったが、いきなり市場を閉鎖すれば産業界や金融界への影響が大きすぎるということで、当日市場を開き続けることは決まった。

時差の関係でその後、欧州諸国が相次いで市場閉鎖に踏み切っていった中で、わが国はどうするかがさらに大論争となった。八月一七日の水田三喜男大蔵大臣（水田蔵相）の裁断で、日本は市場閉鎖せずとの方針が確認され、同日の緊急閣議で、一ドル三六〇円の現行レートの堅持、六月決定の円対策八項目の完全実施等が決定された。当時の佐藤栄作内閣総理大臣の指示で、柏木雄介前財務官が急遽欧米に事情聴取のために派遣された。その頃のわが国にはまだこうした国際通貨問題について知識を有し、外国のキーパーソンに知己のいる識者は極めて限られていた。

同氏が帰国後の二二日、その報告に基づいて大蔵省の省議が開かれ、「円の切上げは避けられないが、新しいレートがどうなるかはすぐにはわからないから、当分の間、方便としてフロート（変動相場）とする」との方針が決まった（『柏木雄介の証言戦後日本の国際金融史』一九九八年有斐閣）。色々な事情があってその後実際に変動相場に移行したのは、昭和四六年八月二八日となった。ニクソン・ショック以来の一二日間、政府日銀が三六〇円で買い支えたドルは約四〇億ドル（参考――前年度末の外貨準備高は五五億ドル）に達した。それによる国損論も含め、この間の国際通貨対策については様々な論評があるが、本書の対象ではないのでこれ以上立ち入らない。

変動相場制への移行とともに、日本経済の将来について極度の悲観的な見通しが一挙に広がり、経済界に動揺が走った。何しろ昭和二四年以来二二年続いて、信じていた一ドル三六〇円という盤石な大地が揺らいだ、まるでお日様が西から出るような世の中になるという恐怖感が広まっていた。輸出に依存する大企業経営者の見通しも弱気であったが、中小企業を中心とする輸出産地では、極端な悲観が支配的になり、これが政治を動かした。「燕三条の食器」「関の刃物」をどうしてくれるのか、という言葉を与党の会議でも、国会でも何度もなく聞かされた。こうした不安を殊更に煽る「識者」も後を絶たず、広がる弱気から実際の設備投資意欲、在庫投資態度も冷え込み、ただでさえ年初来停滞気味であった実体経済は急速に冷え込んだ。円の先行きが読めないという不透明感、不安感も心理的に影響していた。まさに黒船の再来であった。

ところで、ニクソン声明そのものはまさに「寝耳に水」であったが、歴史的に振り返ると、円切上げ問題についての捉え方は、その前からすでに海外と国内とでかなりの開きがみられていた。昭和四六年五月の西独マルクの変動相場制移行後、欧州市場の混乱を収拾するために同月末に開かれたミュンヘン国際通貨会議では、「ドルに対して強い通貨は、いずれも何らかの対策をとっているのに、日本だけは何もしない、相変わらず輸入制限、輸出振興など全く逆のことをやっている」などの批判が集中していた。これを受けて六月四日にいわゆる円対策八項目が決定されたが、海外からの批判は沈静化しなかった。国内でも七月一〇日、近代経済学者三六人からなる為替政策研究会が「円レートの小刻み調整について」という提言を発表、八項目対策を厳しく批判した上、円切上げを提案したが、大蔵省はただちに記者会見を開いて現行平価堅持の方針に変わりないことを宣明した。実は大蔵省・日銀内部ではそれぞれ一年以上も前から、隠密裏に円切上げの影響についての調査が行なわれていたが、国内の圧倒的な切上げ反対論によって、表に出ることなく、検討作業そのものが中止された。日銀も六月一四日の「円問題についての総裁見解」で、円平価維持の必要性を説いた。当局が円切上げ容認と受け取られる発言をしたら最後、本当になってしまうであろうから、最後まで現行平価堅持といい続けるのはある意味で当然のことではある。しかし、経済界はじめ国民の側ではこれを信じ、いわば円切上げへの免疫ができなかったことが、これほどまでのパニックを引き起こした一因であったとはいえるかもしれない。

財政政策の一八〇度転換

このような環境から、財政関連部局も開闢以来ともいうべき右往左往になった。すでに変動相場制移行の際の大蔵大臣談話で、「今回の措置と、米国の輸入課徴金の賦課などに伴う輸出の減退、内需の停滞を補うため、公債政策を活用して次期国会に補正予算を提出するほか、・・・税制面においても積極的な施策を講ずる所存である」と宣言した。補正予算での国債増発による年度内減税と、公共事業の追加の宣言、まさに節度を重視してきた戦後財政の一八〇度転換を意味した。

当時主計局総務課の若手課長補佐であった筆者は、国内派ばかりの当時の主計局の中では為替に関して多少地理感があるということで、円ドル問題と予算の関係の全貌をまとめる調整担当を命じられた。何しろ一ドル三六〇円というのはお日様が東から出るのと同じぐらい確かなことだという前提で、予算の実務ができているので、これがぐらぐらするということは想定外であった。

そこで、予算の国会提出後レートが大きく変わって、野党から予算修正を求められたらどう凌ぐかなど本気で議論した。当時は予算修正などあってはならないことであった。外貨払いの経費、円払いであるが外貨積算の経費、外貨準備の損失、それによる日銀納付金の減少、外貨で入ってくる収入の目減り等々、外部からみれば枝葉末節かもしれないが、国の予算の形式問題としては厄介な問題が一杯あった。五五年体制で野党が形式的な不整合に特にうるさかったこともある。政治的には翌年の沖縄復帰の際、島民手持ちのドルをいくらで円に換えるのかというセンシティブな問題があった。これは、交換時の実際のレートがいくらになっても、国が差額を負担して一ドル三六〇円で換えることになった、沖縄復帰対策の一環である。

しかし何と言っても最大の問題は、景気対策として、補正予算で国債を増発して一般の公共事業費を万遍なく追加することが、財政法上許されるかどうかという点であった。補正予算も本予算と同様の手続きで国会の承認を受けるのではあるが、それでも財政法は、補正予算ということで安易に予算追加が行なわれ、財政節度が失われることを防止しようと、補正予算の要件について厳しい制約を課している。同法二九条は、補正予算において歳出を追加できる場合を、いわゆる義務的経費の不足を追加するほかは「予算作成後に生じた事由に基づき特に緊要となった経費の支出（中略）を行なうために必要な予算の追加を行なう場合」に限っている。この規定を根拠に、災害復旧費やこれに関連する事業費を補正追加するのは恒例であったが、それ以外に一般の公共事業費を全般的に補正予算で追加したことはなかった。先ず、「予算作成後に生じた事由に基づき」という要件に関しては、財政法が想定していたとは思えないが、ニクソン・ショックのような国難はまさにこれに当たるとして、問題なかろうということになった。補正予算書上の追加理由の説明もズバリ、「最近の経済情勢にかえりみ、景気対策の一環として施行する○○事業」という表現にし、その後も踏襲されている。その上でさらなる難問は、「特に緊要となった経費」の積算をどうするかであった。筆者が「有効需要の不足額を乗数効果で割り戻して必要な事業費を算定し、さらにそれに補助率を掛けて必要な国費を算定すれば」といったところ、「何青臭いことを言っているんだ、前提の置き方次第でどうとでもなるそんな積算が国会で通ると思っているのか」と、叱られた。単純明解な加減乗除でなければいけないということで、「景気対策として前倒し施行を実施してきた結果、年度下期の事業費が前年同期を下回るので、その下回る額を埋めるために必要な額」を計上するのだと説明、積算することにした（よく考えるとこれも相当怪しい理屈であるが）。実際には野党も〝景気対策をやれやれ〟とのスタンスであったので、追及はなかった。

こうした今では想像もできないほどの周到な（部外者からみればどうでもいい？）議論を重ねて、年度内所得減税一六五〇億円、公共投資の追加二三二〇億円、税収の自然減収の補填三一〇七億円などで、国債の追加七九〇〇億円という先例のない画期的な補正予算が編成され、昭和四六年一一月九日に成立した。当初予算の国債発行額四三〇〇億円、公債依存度四・六％が、補正後予算では、国債発行額が一兆二二〇〇億円と初めて一兆円の大台を突破し、公債依存度も一二・六％と三倍近くなるという、どうみても補正予算という域をはみ出す、先例のない思い切った対策であった。この時点ではまだ為替レート問題は決着していなかったが、ともかくこれが黒船再来による戦後財政一八〇度転換の第一歩である。

スミソニアン合意と円高恐怖の原点・政府声明

昭和四六年八月一六日の主要国通貨当局秘密会議が物別れに終わった後、主要一〇か国蔵相会議、同代理会議、色々な二国間首脳会談、ＩＭＦやＯＥＣＤといった国際機関の会合が繰り返し開かれ、混乱収拾のための調整が模索されたが、米国と欧州、日本との対立は激しく、難航を極めた。

日米間では、ニクソン声明後初の公式協議となった九月九、一〇両日のワシントン日米貿易経済合同委員会で、米国側は円の大幅切上げ（コナリー財務長官は二五％ぐらいと主張）を強く迫り、日本側は強硬に反論した。水田蔵相は同委員会に引き続きＩＭＦのシュバイツアー専務理事とも会談、意見交換し、さらにロンドンでの一〇か国蔵相会議に出席した。これらの一連の会議を通して、日本側は米国の極めて強硬な姿勢と事態の深刻さをあらためて確認し、もはや円の切上げは不可避であり、国内的にもこの方針を公表すべきであるとの判断に至った。

そこで九月一八日、一連の国際会議から帰国した同蔵相は即日、特別声明（当時「円切上げ必要声明」と呼ばれた）を発表、円切上げが不可避であることとその意義、国民生活への当面の悪影響を最小限に止めるための政府の努力への信頼を訴え、「私は国民の皆様がこのような背景に十分思いをいたされ、当面の困難は、世界の中で日本国民に力がついてきたために、新しい秩序を求める生みの悩みとでもいうべきものであることを理解され、政府とともに冷静で沈着な態度を持ち続けられるよう心から期待してやみません」と訴えた。

この国際通貨調整交渉は四カ月続き、ようやく昭和四六年一二月になって米国が輸入課徴金の撤回と米ドルの金に対する切下げを容認する姿勢を示したことから解決に向かい、一二月一八日ワシントンのスミソニアン博物館で開催された一〇か国蔵相会議で、多角的為替レート調整が合意され一応の収拾をみた。米ドルが金に対して七・八九％切り下げ、日本円が金に対して七・六六％切り上げる。その結果日本円の対米ドル新レートは三〇八円、対米ドル切上げ幅は一六・八八％(計算は一・〇七六六÷〇・九二一一＝一・一六八八という割り算であることに注意)と突出して最大(ちなみに西独マルクは対米ドル一三・五七％の切上げ)となった。

この合意を受けて政府は、日本時間の一二月一九日ただちに、「円の為替レート切上げにあたって」という政府声明を発表した。

二〇数年続いた一ドル＝三六〇円のレート変更になじむには多少の時間がかかるかもしれないが、「国民のすぐれた適応能力によって、これに伴う困難は必ずや克服し得るものと確信する」と前置き。今回の多国間通貨調整の背景には「戦後体制の終わり」があり、「わが国は、自由世界第二の経済規模をもつに至り国際収支面でもゆとりを生じた」、今後「第一には国民福祉の充実」「第二には当面の景気停滞を克服するための景気浮揚対策」として、「思い切った大型予算を編成、積極的に国債を発行する」と、財政政策の一八〇度転換を宣明している。予算編成直前にこういう声明を出せば、どんな予算になるかはおのずから明らかである。最後に、「いかなる場合でも、歴史の変動期にあっては調整のための試練を避けることはできません」、しかしながら「(円切上げは)、われわれが過去において怠惰であったために生じたものではなく、国民の努力によって、日本の経済力が充実したがゆえに、その実力にふさわしい行動をとるということであります」と説き、「政府は、民族の長い将来にわたる発展のため、全力を傾けて参る決意であります」と大時代がかった表現で結んでいる。

さらに、水田蔵相の「ただいま、私は一〇カ国蔵相会議を終えて、ワシントンにおりますが、太平洋を越えて、みなさまに直接お話しをし、ご理解とご協力を得たいと存じます」で始まる肺腑を抉《えぐ》らんばかりの談話が発表された。

談話は、戦後日本の歩みを、昭和二四年決定当時の一ドル＝三六〇円の平価は「かなり負担と感ぜられた」が、「貧しさとインフレにさらされた戦後の困難な時期にもかかわらず、われわれは、円の平価を指標とし、たゆみない勤勉と努力をもって経済復興への道をひたすらにあゆんできた」。何度となく襲いかかった国際収支危機にも、平価切下げという安易な道を選ばなかった結果「体質が鍛えられた」と振り返り、「円切上げの意味」のなかでは「みなさまの労働の成果が対外的にこれまでより高く評価される」(筆者は当時、昭和天皇が同じことをおっしゃったので水田蔵相が感激したとのエピソードを聞いた）とも訴えている。

しかし他面、「円の切上げが、当面、国内に各種の経済的、社会的困難をひき起こすことも否定できない」ことを認め、「政府としてそのような影響を受ける部門について、できるだけ摩擦を少なくするよう万全の措置を講ずる」と宣言した上で、「私は、これから取り急ぎ帰国し、来年度予算編成に専念する」「今回の円の新レート決定を契機として、わが国の経済社会の構造を見直し、国民福祉の向上を志向した新構想を打ち立て、来年度予算をその構想実現の第一歩としたい」「今や、わが国にとって、経済の単なる量的拡大のみを求める時期は終わった」「われわれは、三七万平方キロメートルのこの国土の上に、さわやかな空気、澄んだ水、太陽と緑に恵まれた自然…を造り出し、生きがいのある勤労と心豊かな毎日を送れることを祈願する」としている。

そして末尾で、「円が満百年を迎えた今日、円は世界最強の通貨となり、国際通貨調整の一環として、主要国通貨の中で最も高い切上げが行なわれる」「わが国経済の持つ若々しいエネルギーが続く限り、円の将来やわが国の明るい未来に対し、いささかの不安も抱いていない」「国民の皆様とともに、力を合わせ、新しい通貨のもと新しい国づくりに向かって邁進してまいりたい」と結んでいる。

政府声明、大蔵大臣談話ともに、いま読み返しても、格調高く立派な声明、談話である。懸命に説明しようとしている円切上げの意義は、今日の常識では当たり前のことで、なんでことさらに強調したのかと思われるかもしれない。まさにその当たり前のことを、このような全文に漲る悲壮感を以って訴えなければならなかったということが、当時の世相を端的に物語る。この声明・談話はこうした時代環境を知る上での貴重な生の証拠記録であると思い、やや詳しくご紹介した（全文は前掲拙著の巻末に収録）が、悲しいことに、円高に対するこの悲壮なまでの恐怖感は、わが国経済がさらに強くなっていった後も、ずっとわが国経済・財政政策を主導し続け、今日の財政破綻状態を招く原点となった。

調整インフレ、列島改造から福祉元年予算へ

このような政府声明・大蔵大臣談話を受けて編成された昭和四七年度当初予算は、一一兆四六七六億円、前年度当初対比二一・八％増、補正後対比でも一八・七％増という超大型予算で、国債発行額は一兆九五〇〇億円と前年度当初四三〇〇億円の四・五倍、公債依存度も一七・〇％と既往最高を更新した。その結果、昭和四三年度以来、営々と続けてきた財政硬直化対策が一瞬にして吹き飛んだ。

昭和四七年七月七日、『日本列島改造論』を引っ下げて自民党総裁選を勝ち抜いた、田中角栄内閣総理大臣が誕生すると、世は列島改造ブームに沸いたが、一方で国際収支の黒字基調は続き、円の再切上げ圧力が高まっていった。政府は「新内閣新政策」の旗印のもと、昭和四八年度予算の概

算要求期限を一カ月延長して九月末とするとともに、同年度限りの特例として五％の上乗せ要求を認めた。さらに、円再切上げ圧力緩和のため、大型の昭和四七度補正予算を含む景気対策を決定した。

その大型補正予算は、公共投資追加五三六五億円を柱とする総額六五一三億円の追加で、財源として公債三六〇〇億円を増発、公債発行額は二兆三一〇〇億円とついに二兆円を超え、公債依存度は一九・一％に達した。ニクソン・ショック対策の前年度苦労した財政法二九条の「特に必要な経費」の説明振りなどは、とっくにどこかに置き忘れられ、公共事業総括担当主査が前年の計算根拠の考え方を主計局長に説明したところ、「わかった。ではその倍にしろ」と指示された由。これがその後、何十回となく繰り返されることとなる、いたずらに対策規模の大きさを競う景気対策の嚆矢《こうし》であったといえよう。公共事業費以外のその他施設費も、計上できそうなものは、「ともかく何でも持ってこい」という雰囲気であった。

そして歴史的な昭和四八年度「福祉元年予算」となる。当初予算は一四兆二八四〇億円、前年度当初対比二四・六％増、補正後対比でも一七・九％増と大型で、なかでも年金の物価スライドや、老人医療無料化の拡大など大きな制度改革を内容とする社会保障関係費が二八・八％と史上空前の伸び、公共事業関係費も三二・二％の伸びであった。

幸か不幸か、景気はすでに昭和四六年一二月に底を打って上昇に転じており、列島改造ブームによるバブル的税収もあって、税収が好調であった。そのうえ、社会保障をはじめ大盤振る舞いした制度改正の財政負担は、後年度に大きなツケを残すものの、改正当初の負担はさほどでないため、公債依存度は一六・四%とむしろ前年度を下回り、この予算は景気中立的とさえ説明され、深刻な危機感が生まれなかった。

もとより、国力が高まったことに応じて、福祉を充実し、社会資本の整備を一層推進するというのは、望ましいことには違いない。しかし、「親の意見と冷酒」ではないが、この福祉元年予算は「後になって猛烈に効いてくる」ことになり、それがオイルショックによる大不況とその後の低成長による税収の低迷と重なっていくところに、特例国債依存と国債暗黒時代の悲劇が始まるのである。

一方、こうしたあがきも空しく、スミソニアン合意は短命に終わった。昭和四八年二月、国際通貨制度の混乱は再びピークに達し、東京市場も二月一四日、ついに円の変動相場制へ移行した。ここでブレトンウッズ体制が最終的に崩壊、世界は変動相場制時代へと突入する。野党側は政府の責任を明らかにすることと予算修正を求めて、予算審議が中断したが、今回はもはや想定された事態であり、スミソニアン合意当時のような悲壮感もなく、政府は、「あらゆる努力を傾けてきたが変動相場制に移行することはまことに遺憾」「対策に万全を期したい」「生産、輸出を推進してきたわが国の経済社会構造を福祉中心型構造へ転換」などという既定方針の「政府見解」で淡々とこれを乗り切った。

特例国債依存後も外圧で国債大増発

こうして昭和四六年度はまだ恐る恐るであった景気対策のための補正予算は、翌四七年度にはもう当たり前のようになり、その後何かといえば「事業規模何兆円」という、徒に規模の大きさをプレイアップする、財政出動を伴うステレオタイプな景気対策が、規模の相場感覚の不感症的な拡大を伴いながら、今日まで三〇回以上も繰り返されることとなっていく。

その最たるものは、昭和五二年度から五三年度にかけての「日本経済機関車論」という外圧による公共事業拡大である。

当初予算としては初めて特例国債に依存した昭和五一年度は、予算規模の伸びこそ対前年度当初比一四・一％と昭和四〇年度以来の低い伸びに抑えられたものの、国債発行額は七兆二七五〇億円、公債依存度二九・九％と、いずれも既往最高を更新、そのうち特例国債が三兆七五〇〇億円と五割以上を占めた。バブル期の四年間（平成二～五年度）を除き、当初予算からの特例国債依存が恒常化する歴史の第一歩となった。物価は漸く落ち着きをみせ、一方国内景気は低迷していることから、一般公共事業費は二割近い伸びに復帰した上、補正追加も行なわれた。翌昭和五二年度も当初予算はほぼ同様のスタンスで編成された。

一方経済の方は、先進国中最も成功したオイルショック後の省エネ・省石油資源政策の効果がこの頃から現れ、実質成長も四％水準に復帰するとともに、経常収支はいち早く黒字に転換、黒字幅が再び拡大していった。本来なら、これから歳出の抑制、国債の圧縮に向けた努力を再開すべき時期であった。

ところが、これに対して欧米諸国から、日本が機関車となって世界経済を牽引するとともに、内需拡大により経常黒字を縮小せよとの激しい外圧（「日本経済機関車論」）が、サミット、G7などの場で高まっていった。これを受けて、昭和五二年一〇月の第一次補正予算に加え、昭和五三年度当初予算と連続する一五か月予算との説明で、第二次補正予算が編成され、公共事業費の補正追加合計は七〇三八億円（当初予算比一六・四％）と空前の規模に達した。他方で税収減もあり、補正後の国債発行額は一〇兆円に迫り、その内特例国債も四兆九五七〇億円、公債依存度は三四・〇％と三割を大きく超えた。

並行して編成された昭和五三年度当初予算は、国際公約となっていた実質七％成長達成のため、一般公共事業費を三四・五％と空前絶後の伸びで増加させるなど、建設国債は大増発となった。予算編成過程で、総理が外国要人と会見するたびに公共事業費の伸びの相場が上がり、最後は筆者が主計局長の手持用に作成していた早見表まではるかにはみ出すというありさまであった。

反面特例公債対象の経常部門は厳しく抑制するとの意気込みで、昭和五二年一二月二〇日の財政制度審議会（桜田武会長）の「昭和五三年度予算に関する建議」は、

「五三年度においては、諸般の事情から、建設公債の相当額の増発が必要となっており、公債依

存度三〇％未満を堅持することは困難な状況にあると考えられる。

しかし、経常的経費の財源に充てられる特例公債については、公債のなかでもとりわけ不健全な性格を具有していることを考慮し、その圧縮に全力を傾注することが必要である。

また、今後も、特例公債の着実な縮減を図り、できるだけ速やかにこれに依存しない財政に復帰すべきである」（(4)公債政策等(イ)公債政策(b)）としていた。

しかし、その特例公債対象の経常的経費も、福祉元年以降制度化された経費の当然増などで、結果は一七・四％と大きな伸びになった。一方税収は低迷し、このままでは特例国債の爆発的増発が避けられないことから、ついに後述の三月決算法人の法人税の二年分取込みなどを内容とする三度目の税収年度帰属区分の変更措置を当初予算から織り込んで、二兆三三三一億円を捻出し、特例国債発行額をなんとか見かけの上だけは、前年度補正予算を僅かに下回る四兆九三五〇億円に止めた。

今から振り返ると、建設公債原則は、公共事業費の規模が適正な予算配分の結果として決定され、国債発行額をその範囲に止めるという運用がなされていたうちは財政節度の維持に役立った。しかし、特例国債に依存するようになってもなお、すでに破綻している建設公債原則を建前上掲げ続け、投資的経費優遇を続けてきたことの功罪は、資源配分上の観点と、財政節度的観点の両面から問題であった。資源配分上の観点については、高度成長期には社会的インフラ不足に対処するために公共事業費を優先した効果があったであろう。しかし安定成長期に入り、社会資本の蓄積が進んでからもなお国債増発してまで公共事業費を優先すべきであったかどうかは資源配分上疑問がある。ましてや平成年代に入ってまで、バブル崩壊後の経済対策として、一つ覚えでこれを繰り返したことが有害無益であったことは明白である。

財政節度の維持という観点からみても、片方で公共事業費の大盤振舞いをしながら、もう片方で経常的経費を締めようとしても、そんな器用な真似は続かない。実績ベースでの国債発行額の推移をみれば、建設国債の大増発の後、若干のタイムラグを置いて特例国債が増発されていることがはっきり判る。初めはニクソン・ショック後の昭和四六〜四九年度の建設国債増発が、五〇年度の特例国債発行開始（実は本来四九年度に必要であった）をもたらした。次いで、外圧による昭和五二、五三年度の建設国債大増発が、五四年度からの特例国債大増発（税収の年度区分変更なかりせば実は五三年度から）に繋がる。バブル崩壊後は、平成四、五年の建設国債大増発が、七年度からの特例国債発行再開と八年度以降の大増発に繋がっていった。

これは考えれば当然の帰結で、大きくいえば理由は次の四つである。第一に建設国債といえども借金であり、将来六〇年にわたる金利負担を招く。これが累積して、経常部門の支出は雪だるま的に増加する。第二に建設国債の対象となる事業は、完成後大なり小なり維持管理費がかかる。箱物の場合、その累計は建設費を上回る。第三に投資的経費と経常的経費の境界は実はかなり流動的、かつ便宜的である。一方を伸ばして、他方を厳しく抑制するという股裂き方針を掲げても、現実の横並び的公平感から緊縮ムードは徹底しない。現に昭和五三年度予算の経常経費も財政制度審議会建議にかかわらず、抑制的とはいえなかった。第四に景気対策としても、公共投資の景気浮揚効果は傾向的に低下が続き、平成年間になるとそもそも効果が疑問視すらされるに至り、結局恐れていた大規模減税に追い込まれた。そもそもバブル崩壊後の経済を公共投資で支えること自体の是非を問うべきであったのに、建設公債原則にとらわれ続けた結果、効果のない公共投資と減税の両取られになって、財政破綻を加速する結果となった。

数次にわたる財政再建努力挫折の元凶は対外要因

このように、昭和四三年度からの財政硬直化キャンペーンの成果は、ニクソン・ショックに始まる円高対策で帳消しになり、昭和五二、三年度は、本来なら財政再建を始めるべき時期に、外圧で正反対の国債膨張を招いて、後世に深刻な後遺症を残してしまった。その後も再三にわたる財政再建努力がことごとく挫折した背景には、円高恐怖か外圧、あるいは国際化への対応の誤りといった対外要因がある。誰が言い始めたかについては諸説あるが、高度成長終焉後の日本経済の特色は国際化と国債化の「ふたつのコクサイ化」といわれる。その二つのコクサイ化は実は相互に密接に関連していた、というのが筆者の持論である。財政再建努力とその挫折の主たる背景を一表にまとめると表4—1の通りになる。

表 4-1　財政再建努力とその挫折

年代	財政再建努力	挫折の主たる背景
昭和 43 年〜	財政硬直化（村上孝太郎）キャンペーン	ニクソン・ショック（46）、2 次にわたるオイルショック（48、54）、日本経済機関車論（52、53）
昭和 55 年〜	一般消費税挫折後の財政再建前史（55 〜 57） 一般歳出伸びゼロ（58 〜 62）バブル税収（〜平成 4）	日米構造協議による公共投資拡大 バブル崩壊（平成 3） 累積的円高（7 前半まで）
平成 8 年〜	財政健全化目標閣議決定から財政構造改革法制定まで	大型金融破綻を引金とするデフレスパイラル（9 年秋）、その後の円高
平成 13 年〜	小泉改革（国債 30 兆円目標等）	同時多発テロ（13）、リーマンショック（20）とその後の円高 東日本大震災（政権交代？）
平成 26 年〜	税と社会保障一体改革 消費税増税実現	？

出所：筆者作成。

この表から、財政再建努力が挫折した背景は（地震は別として）、ほとんど円高あるいは外圧という対外経済要因への対応であることが判る。問題はバブル崩壊と金融危機をどう考えるかであるが、バブルを起こした元凶は現象的にはプラザ合意後の円高への無駄な抵抗で長く続けた金融緩和であったし、より本質的に掘り下げて考えると、グローバル化、自由化という環境変化に適切に対応する能力にも努力にも欠けていた本邦金融機関が、これ大変とばかり安易な不動産向け融資による量的拡大競争に走ったことがバブルの真の原因であった。そう考えるとこれも対外要因の結末であろう。戦後日本経済を評して「ふたつのコクサイ化」

というが、借金の方の国債化の背景には、実はインターナショナルな方の国際化（ないしはその国際化への対応の失敗というべきか）があったというオチでもある。

外圧についていえば、平成二六年一一月のＧ20サミットでも日本経済の成長が話題となった。昭和五三年のボンサミット前後の議論以来のことであるが、サミットやＧ７などの場での関心は、経済大国日本の需要である。世界経済の牽引力として日本経済の需要が伸びることが、彼らの利益である。しかしその結果として日本経済の中長期的競争力が高まることはむしろ望ましくない。日本経済の競争力を削ぐ方向で、当面の需要を成長させてくれることを望み、強要してきたのがこれまでの外圧である。ボンサミット以来、お人よしでか、やむをえずかは判らないが、これに乗って来てしまったのが国際化の下での国債化だともいえよう。

第二節　国債膨張の仕組み

国債残高増加はＰＢ赤字と金利の合計

ところで各年度の国債発行額や公債依存度には、その年度の財政運営のスタンスに加えて、過去のツケともいうべき既往債務の元利払い負担が反映されている

図 4-1　平成 27 年度当初予算に即したプライマリー・バランス図解（兆円）

歳入		歳出	
税収・雑収入（A）	59.5	基礎的財政収支対象経費＝当年度の施策に使うお金（B）	72.9
公債金収入＝新たな借金（C）	36.9	（プライマリー・バランス赤字）	-13.4
		国債費＝既往債務の元利払（D）（内利払費 10.1、元本償還費 13.4）	23.5
合計	96.3	合計	96.3

プライマリー・バランス＝（A－B）＝D－C
出所：筆者作成。

そこで純粋にその年度の財政運営のスタンスを抜き出す様、当年度に入って来る本源的収入（税収と雑収入）と（過去の借金の元利払い以外の）当年度に使うお金とを比較するのがプライマリー・バランス（ＰＢ）である。平成二七年度当初予算に即してその概念を説明したのが図４―１である。

図が示す通り、平成二七年度当初予算の国のＰＢは一三・四兆円の赤字である。これがどれだけの大きさであるか感じて頂くご参考として、仮に消費税引上げだけでこれを均衡させるとして単純に計算すると、消費税一％分は約二・七兆円であるから、消費税を地方にまわす分や見返り対策費などを除いた国のネット手取りで五％（結果として一三％をかなり上回る水準までに）引き上げることが必要だということになる。容易ならざる規模であることだけはご理解頂けるであろう。

ところで、国債費は過去のツケではあるが、そのうちの利払費はＰＢ赤字累計と共に国債の残高を増加させる。これに対し元本償還費は差引きチャラで、残高増加要因にはならない。従って、国債の残高は、特殊要因（旧国鉄債務の承継など）を除けば、ＰＢの赤字と国債の利払費の合計だけ増加する。この点をしっかり頭に入れて置かないと財政の分析はできない。

筆者が前掲『国債膨張の戦後史』で分析したところによれば、平成二四年度末の国債残高七〇一兆円を要因分解すると、特殊要因を除き、ＰＢ赤字累計三四三兆円、利払費累計三二〇兆円と両者はほぼ拮抗していた（図4―2参照）。この間、ＰＢが決算ベースで黒字であったのは、昭和六二年度から平成四年度までのバブル期六年間しかなかった。ＰＢ均衡といっても、民間企業で言えば、利息が儲けから払えず、すべて追い貸しに頼るという破綻先企業の状態であるが、五〇年間中四四年間はそれよりも悪かったということである。

ちなみにＰＢが最良であった平成三年度の黒字幅八・八兆円も利払費一一・九兆円には届かず、国債残高は三兆円余り増加した。つまり、昭和四〇年度の国債発行開始以来、国債残高が実額で減少した年度は、バブル期を含め、ついに一度もなかったということである。第一章第二節で紹介した谷村論文の「財政がいったん膨らんだら、なかなか圧縮できないことは遺憾ながら今日の政治の現実的な姿であり、この現実がある限り、補整的な財政政策というような器用な真似はできない」という危惧は見事に当たっていた。

図 4-2　国債残高増加額の要因分析

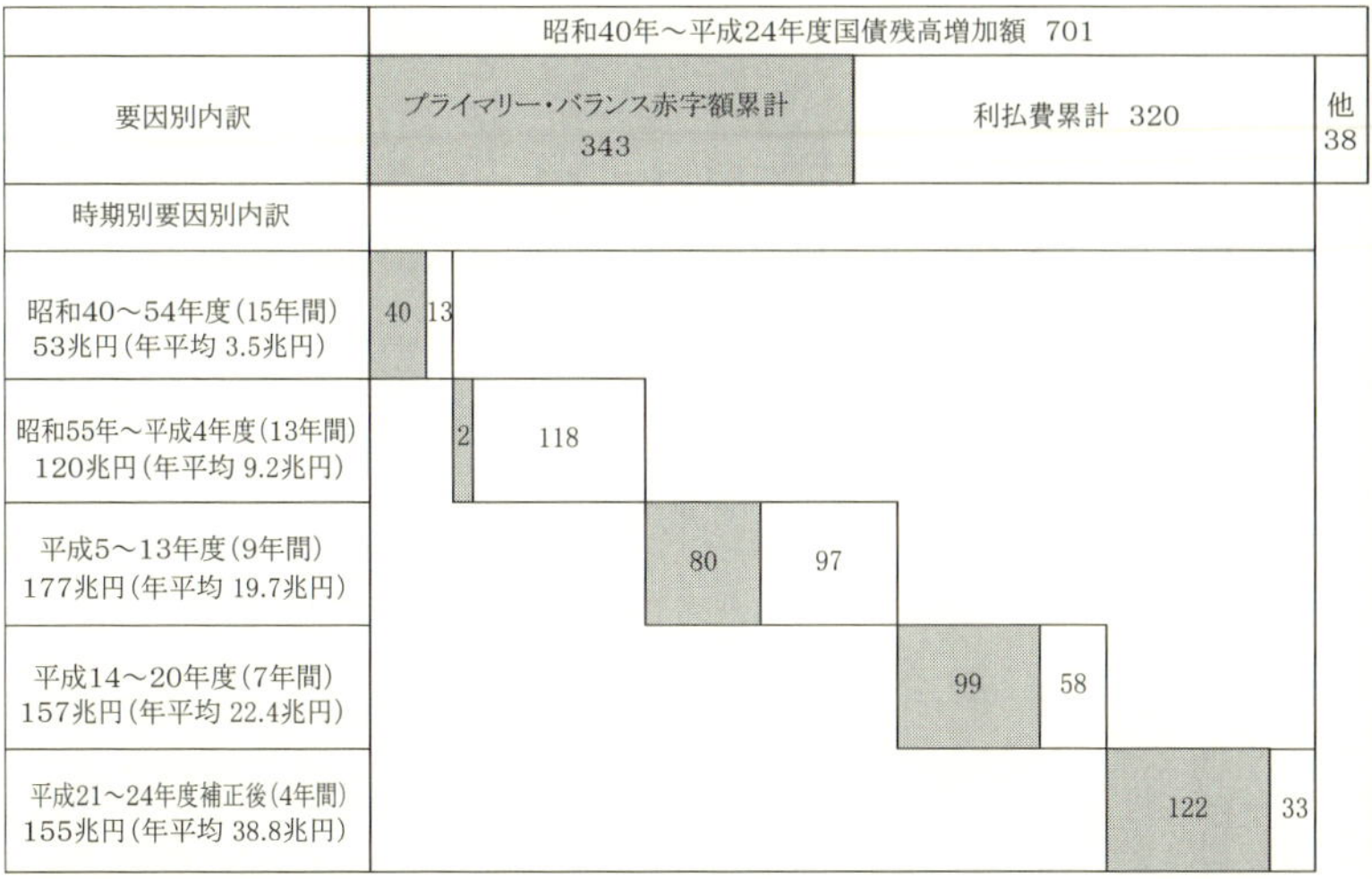

出所：筆者作成。

さらに両者の関係を時期別にみると図４―２の通りであるが、最近の二期、平成一四年度〜二〇年度、二一年度〜二四年度の計一一年間は国債残高累増にも拘わらず、大幅な金利低下で、金利の寄与は三割以下に止まっていた。一方、第二期目の昭和五五年度から平成四年度の一三年間では、前半は血の出るような歳出削減努力、後半はバブル税収のお蔭でＰＢはほぼ均衡していたのに、専ら利払費で国債残高は一二〇兆円増え三倍、ＧＤＰ比でも一・五倍になった。これは将来への恐ろしい教訓である。

平成三二年度ＰＢ均衡目標

そこで財政の再建のため、政府は平成二二年六月、財政健全化目標を閣議決定し、遅くとも平成三二年度までに国・地方のＰＢを黒字化すると宣明した。その後政権が変わってもこの目標は維持されている。

この目標は通過点に過ぎず、これだけで財政破綻を防ぐことができるわけではないが、少なくともこの目標すら達成できないようでは、愈々本当に市場に見放されかねない。しかし、前述のようにこの五〇年間でPB黒字はバブル税収に支えられた六年間しかなかったことや、人口の高齢化に伴う社会保障費の増加圧力、税収の伸び悩み、長年にわたる人々の財政依存マインドの定着などを考慮すると、この控え目な目標ですら、達成は並大抵なことではないことを覚悟しておく必要がある。政府の楽観的な予測によってさえ、消費税の予定通り一〇%への引上げを前提としても、それだけではなお届かないとされている。

また、この目標は国・地方のPB均衡となっているが、地方は大体三兆円程度の黒字なので、これだけでは国のPBはなお赤字で、金利以上の国債累増が続く。国債に関しては、国単独でのPB黒字化が必要である。

国債利払費についての試算

さらに再三述べている通り、PB均衡というだけでは利息は全額追い貸しであり、金利分だけの国債残高累増は止まらない。新発一〇年債金利〇・五%以下（平成二八年一月のマイナス金利政策導入後は一〇年債までマイナスも）というような現在の異常低金利が正常化した後にどうなるか、国債残高を長期的に左右する利払費について現状と留意点を整理しておきたい。

平成二七年度予算の国債利払費一〇・一兆円は、実は絶対額で昭和六一年度の水準である。国債残高が五・八倍になっているのに、金利負担が絶対額同額で済んでいるのは、加重平均金利が五分の一以下に低下したからであるが、流石にここまで下がると、さらなる低下の余地は乏しく、後は金利上昇がなくても残高に比例して利払費が増える（と書いた後でアベノミクスがついにマイナス金利にまでなった。しかし後述のようにこのような一時的非常措置は持続可能でないうえ、いずれ来る反動の打撃を一層大きくしているに過ぎず、中長期的に財政を考える上での前提にはなりえない）。

仮に加重平均金利が平成一一年度の三・一％で下げ止まっていたとして試算してみると、本年度末の国債残高は九六〇兆円、利払費は三〇兆円と、税収五四・五兆円の過半（地方交付税を差し引いた国の手取り税収三九兆円に対しては八割近く）になっていたはずという計算になる。

もう一つの試算として五年後の平成三二年度国のPB均衡が達成されたとして、同年度首国債残高をPB均衡努力を織り込んで、本年度末見込みから一五〇兆円増の九五〇兆円と極めて控え目に想定し金利を三・一％としても、その後も年利三〇兆円の複利で国債残高が雪だるま式に増える計算になる。しかもこの状況で一〇年債金利が三・一％で止まる保証はない。

国債償還費のからくり、交付・出資国債

なお、以上の分析・記述で、国債費のうちの元本償還費相当額は、新規の国債を財源とするものの、既往国債を減らすので差引きチャラだとしてきたが、正確にいうと多少違う。

先ず第一はタイムラグである。毎年度予算で計上されている国債費の元本償還費は国債整理基金特別会計に繰り入れる金額であるが、同特別会計が現実に国債を償還するまではそこへ滞留している。毎年度一・六%の積立は、対象となる国債の満期まで累積して滞留するので恒常的に底溜まりがある。つまりその分は国債残高の増加要因である。しかしこれは所詮タイムラグの話であり、その底溜まりを使ってしまおうなどという誘惑に負けなければ（時々負けたのが良くないが）、本質的な問題ではない。

より本質的なのは、これまで対象としてきた国債とは違う異種類の国債の償還費である。

戦後の農地解放や在外財産補償など戦後処理に当たって、対象者に例えば一〇年賦というような年賦式の記名国債で補償を支払う制度が使われた。遠く遡れば、読者の方も歴史で学ばれたであろう、明治維新後の旧士族に対する秩禄公債にその淵源がある。これを交付国債という。近いところでは平成一〇年度、破綻金融機関処理のために預金保険機構に交付された一〇兆円がある。同様なものとして、国際機関等への出資・拠出を請求払いの国債（いわば手形のようなもの）で払い込む出資・拠出国債というのがある。いずれも毎年度の歳入歳出予算の外で政策が決まるので、これま

で述べてきた建設国債や特例国債には含まれない。

その償還費も毎年度の国債費の元本償還費に含まれているが、これは、本書で対象としている建設国債や特例国債の償還、残高減少には繋がらない。いわばこれは隠れた政策経費支出、PB赤字で、前節PB分析で触れた特殊要因の一要素、PB赤字と国債利払費以外の国債残高増加要因である。その累計は六〇兆円を超える。

もちろんこれらはすべて法律に根拠があり、多くの場合予算の総則というところで金額も明示されているのであるが、国民には判りにくい。かつて故新井将敬衆議院議員が自民党の部会で問題視したことがあった。

第三節　歳出膨張を招いた政治的・社会的力学

「小さく産んで大きく育てる」

筆者が財政悪化の原因をやや長く構造分析して、平成一三年八月『週刊金融財政事情』に発表したところによれば、昭和四三年度から五四年度までの間、一般会計税収が四・八倍の伸びに止まっている中で、社会保障費は八・八倍、文教費は五・九倍、公共事業費は五・七倍、その他事項経費ですら六・三倍と税収の伸びを大きく上回って伸びた。自ら担当した文教予算の具体例でイメージを示せば、昭和四五年度一三二億円でスタートした私学助成費が五一年度には一四七〇億円に、四八年度一三六億円でスタートした教員給与改善が五一年度には一八四八億円と倍々ゲーム並みの伸びで予算を膨張させた。

円高と石油危機の二重苦による実質マイナス成長とここまで急激な税収の低迷は想定外であったにせよ、高度成長期の自然増収や列島改造のバブル税収が持続すると錯覚して大きな後年度負担を内包した歳出の制度を次々と導入したことが相俟って特例国債依存をもたらしたのである。

後年度大きな負担を伴う新規の施策や事業を始める時に、初年度は小さな金額で通り易くする、「小さく産んで大きく育てる」は、国債発行開始前からも霞が関の各省に脈々と続く予算要求・獲得手法の合言葉であった。"foot in the door"ともいう。玄関の扉につま先を入れてさえしまえばうしめたもの、後は巨体が楽々と入っていくという発想であり、現実でもあった。一度付いた予算はなかなか切れない、まして法律などで制度化されれば、いくら後年度負担が嵩もうと義務的経費として聖域化される、ということである。国会の場で要求側の局長が、堂々と手柄顔でそう答弁するのを、筆者は何度となく目撃した。高度成長期にはそれでも多額の税の自然増収で何とか吸収できていたので、この手法が当たり前のように各省に定着していたし、財政当局も毎年度の予算を無事収めることに腐心して、ある時期までは後年度負担の抑制に必ずしも十分な努力を尽くさなかったきらいがある。

具体的手法は様々であるが、最も単純なのは、施策の年度途中施行と、旧文部省得意の学年進行である。社会保障関係の新規施策は多くの場合、準備の都合もあって、一〇月実施とされた。そうなると争われる初年度予算は平年度の半額で済む。しかし予算が付いて、その制度が始まると二年度目には一気に倍になる仕組みである。極端な例では三月実施というのもあった。これだと二年度目には一二倍になる。学年進行というのは例えば義務教育教科書無償化であって、初年度は小学一年生だけでスタートし、二年度目には一、二年生と倍に、三年度目には一～三年生と三倍になり、中学三年生まで完成する時には九倍の予算が必要になる。医科大学の新設なども、初年度は一年生分、六年後に六倍（実際は高学年ほど高くなるのでそれ以上）と同様である。

より深刻なのは、対象が年々増えていくことが前提となっている新規施策である。高齢化が予想される中での老人医療無料化などその典型であるが、受給資格者が年々増える仕掛けの補助金は各省いろいろある。

もう一つの典型は、昨今話題になった新国立競技場のような計画事業費高騰の話である。プロジェクトの採否検討の時の事業費は低く抑え、採算計算は良好と算定して採択しておいて、いざスタートして後戻りできなくなってくると、事業費は倍増以上、採算はとれず国費投入が必要というパターンは枚挙にいとまなく、むしろ程度の差こそあれ、これが定番というありさまであった。金額的に最大のものは本州四国架橋であろうか。

高速道路については、関係者の刊行になる『初めての挑戦』という書があり、名神高速採択の裏話として、そのような経緯を誇らしげに紹介している。

歳出面では、こうした予算要求・決定上の力学が積もり積もって今日の破綻状態を招いた。

現状を糊塗した悪智慧と大平正芳大蔵大臣の述懐

一方の守る側の財政当局も、現状を糊塗するいわゆる「悪智慧」で凌ごうとする傾向や、時にはそういう悪智慧を出した人が高い評価を受けるという風潮すらあった。

昭和四〇年度の公債政策導入は、戦後日本経済史上、時宜を得たものとしてその意義は高く評価されるが、国の台所事情からは、万策尽きて追い込まれた必然的帰結という面もあった。

すでに昭和三七年度辺りから、財政の苦しさが顕著となり、特別会計積立金の取崩し（後世の言葉では「埋蔵金の活用」）など、一般会計の負担を軽減するためのやり繰りが始まっていた。筆者が若いころ日銀の資金循環表を用いて、中央一般政府の資金過不足を追跡したところでは、国は、制度的なやり繰りを除いた実力ベースで、まさに同年度から資金不足に転落したという姿が明らかであった。

こうした中、オリンピック後の不況で、昭和三九年第４四半期以降、景気後退による税収不振が明らかになり、四〇年度当初予算は空前の財源難となった。前年度剰余金の国債整理基金繰入を二分の一から五分の一に減らすとか、公庫公団に対する出資金を利子補給に切り替えるなど、様々なやりくりをして何とか国債発行に頼らず編成したが、早晩国債発行は必至との見方が広がっていった。

昭和四〇年度当初予算成立後まもなく、三九年度補正後予算の税収約三兆円に対し、七七五億円の税収不足が明らかとなった。そこで税収の年度帰属区分を定めている政令を一部改正して、昭和四〇年度税収となるはずの五七九億円を三九年度決算の歳入に取り込み（企業会計でいう期間損益変更のようなもの）、歳出の不用と合わせて何とか決算の帳尻を合わせたが、これで四〇年度の税収不足は決定的になった。

蛇足であるが、この年度帰属区分変更措置について、当初大蔵省は一切発表せず、所得税法全文改正に伴う関係政令の整理のなかに紛れ込ませていたが、税法令を丹念に追いかけている民間専門家に見つかってしまった。これは筆者みずから官房文書課で現場に立ち会っていた話である。同様の措置は、その後昭和四九年度決算と五三年度当初予算の二度にわたって、さらに大規模に行なわれており、これについては次項で詳述する。

歳出面でのやり繰りは、その後も枚挙にいとまないほど、繰り返されてきた。前述の出資金の利子補給への切替え、特別会計や支出先団体の将来のために必要な積立金の一時流用などに加え、各種支払の一部の支出時期の翌年度繰延べ、地方公共団体等へ支出すべき補助金などを、支出先の借金で肩代わりさせ、後年度元利補給する仕組みなど、いずれも後年度にツケを回して、目先の歳出のみかけを減らすやり繰りである。中でも、孫利子補給と呼ばれるもっともたちの悪いものがあった。出資金を利子補給に切り替えると初めの数年度は国の負担は減るが、やがて補給すべき利子額が累積して、負担が増える。そこで補給すべき利子をさらに借金で賄わせて、その借金の利子（孫利子）だけ補給するというもので、旧国鉄で始められた後、中小企業金融公庫などでも使われたが、国の後年度負担というだけでなく、支出先法人の財務の観点からも不健全極まりない。

このような「悪智慧」の数々は、国の財政の後年度負担を累増させるだけでなく、財政の実態を国民の目から覆い隠すという意味でも弊害をもたらした。

大平正芳内閣総理大臣（大平総理）は蔵相時代からつとにこれを憂慮されていた。第一章第三節で引用した『大平総理の財政思想』には、特例国債導入に当たってのご心境に続き、次のように書いてある。「離任〔筆者注―蔵相離任〕の直前、『これからの大蔵省は知恵を出してはいけない。汗をかきながら匍匐前進で行かなければ。』ともらされたが、後輩への切なる期待であると同時に安易に流れがちな人間の弱さについて洞察されていた大平大臣は、財政再建問題の前途の険しさを、このときすでに予感されていたのではなかったろうか」

残念ながら現実は、この大平総理の遺訓に背き、さらに悪智慧を重ねながら、益々財政悪化の深みにはまっていった歴史である。

極め付きは三次にわたる税収年度帰属区分変更

歳入面でのドレッシングは前項で触れた三次にわたる税収年度帰属区分の変更、つまり、本来なら翌年度の税収となるべき収入を、前の年度に取り込んで、その年度だけ税収を見かけ上増やす措置である。法人企業なら粉飾決算として指摘されるところであろう。

次の表4—2に一覧を並べるが、前項の昭和三九年度決算での取り込み五七九億円は、まだ理屈があった。第二回目となる昭和四九年度決算での取り込み四三三〇億円は、本来なら避けるべきであったが、当時国の赤字決算処理のための法律制度がなく、決算赤字を出すわけにいかなかったという事情と、一応の理屈は付けられる上、相対的規模も税収の三%と小さかったことから、まだまだ許容できるものであったといえよう。

この前二回に対し、昭和五三年度の取り込みは、三月決算法人税収という、年度法人税収の三割超を占める最大の収納を二年度分取り込む、税収全体でも一二%という大規模な措置を、しかも追い詰められた決算ではなく当初予算から実施したという意味で、悔いを千載に残すものであったといっても過言ではなかろう。

ただ、当時の関係者の証言によれば、この年度帰属区分変更措置には、特例国債発行額の圧縮と

表 4-2　税収年度帰属区分変更一覧

年度	内容	取込額（決算）	税収決算額	取込前決算額に対する取込額の規模
昭和 39 年	納期限が延長されて翌年度 4 月収納となった税収を前年度税収とする	579（主に酒税など）	29,497	2.0%
昭和 49 年	前年度に納税義務が発生して翌年度 4 月収納となる税収を前年度税収とする	4330（源泉所得税 2660）（2 月決算法人税 1250）等	150,359	3.0%
昭和 53 年	同上を 5 月分まで拡大（主たる効果は 3 月決算法人税）	23,331	219,205	11.9%

出所：大蔵省・財務省財政史室編『昭和財政史』などから筆者作成。

いう意図以外に、地方財政対策上の配慮があったという。地方交付税の総額が「引続き」「著しく」不足する時は地方交付税率（当時、所得、法人、酒の三税の三二％）の引上げを求められる危険があった（地方財政法六条の三第二項）。年度帰属区分変更の結果の法人税増収で地方交付税も約六〇〇〇億円増加し、この危険が回避されるという動機である。

財務省『昭和財政史』によれば、当時不本意な変更を押し付けられた側の大倉真隆主税局長は、次のように回顧している。

「……一つの理由として、いわゆ

る国債依存度三〇％を死守するためにという考え方があったんだけれども、それは絶対おかしいと。これをやったから三〇％以下に国債がおさまったといったって全く意味がない…ウィンドー・ドレッシングのためにやったという説明では絶対に困るということを…主税局が一番強く主張したんだと思います。…

それでは、なぜそういう改正をあえてやったかということなんですが……一番大きく左右したのはやっぱり地方財政対策であったと思います。……地方財政赤字をどうやって補填するかということで、……結局交付税の根元になる税収を何らかの方法で増やして、その三二％を地方に分けて地方財政の赤字を埋める以外にやりようがないということで、問題の本当の背景は地方財政赤字対策であったというふうに私は理解しています」

こうしたドレッシングは、翌年度には必ず破綻を来たすのであるが、それだけではなく、この変更は、爾後法人税収を、予算編成時の一二月段階でまだ始まってもいない翌々年三月決算事業年度の業績予測に基づき見積もるという、およそ正確な見積りなど不可能にする変更を行なうということなので、今日までその後遺症による税収不足の多発に苦しめられることとなった。

『昭和財政史』はこの点に関して図4―3のように、「昭和五四年度以降は実質一二か月分の税収が年度税収になることは、これまでと同様であるが、税収見積もりという観点からいえば、従来と

図 4-3　昭和 53 年度年度所属区分変更による法人税収とその見積りへの影響

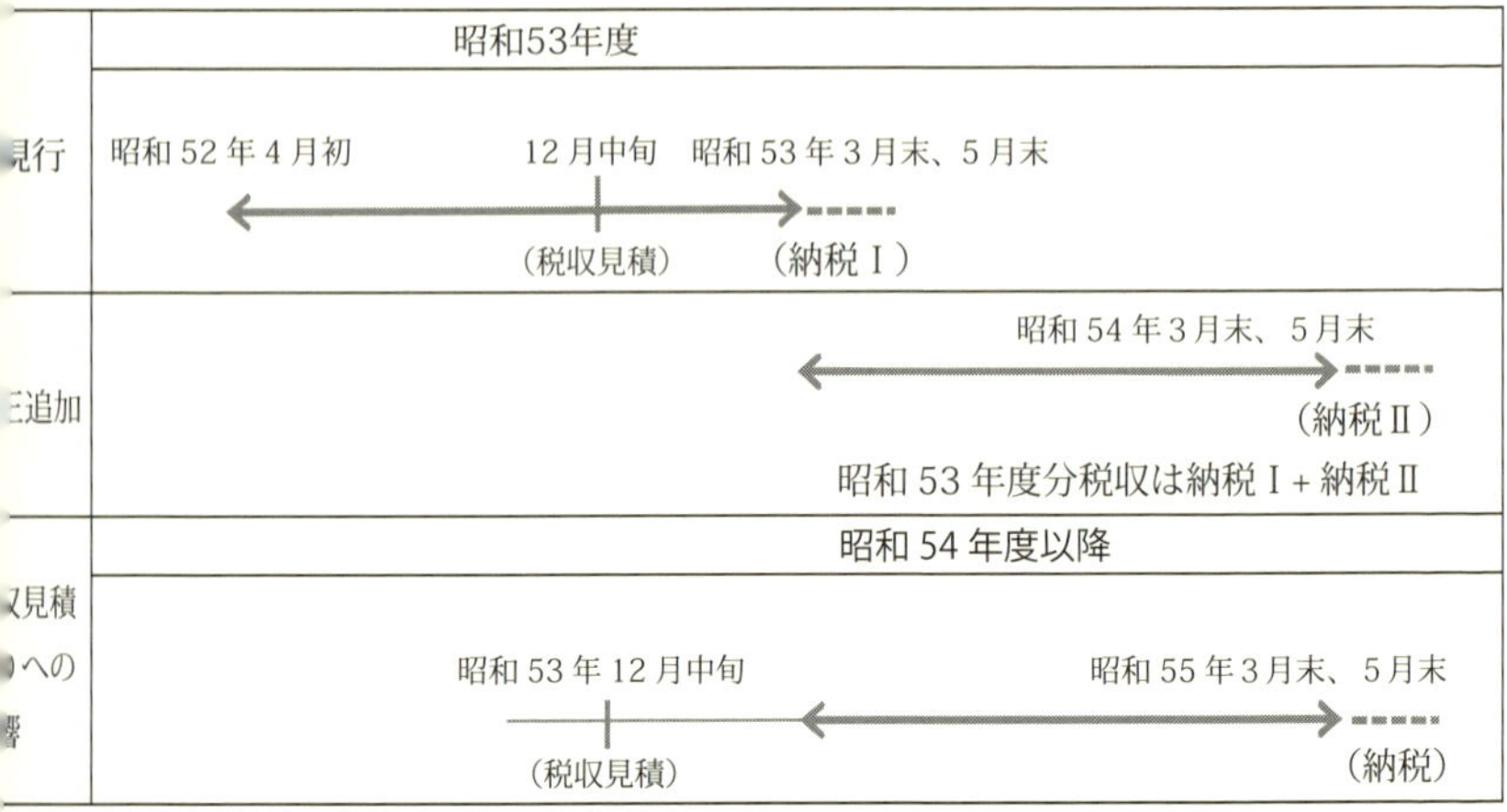

所：大蔵省・財務省財政史室編『昭和財政史』から筆者作成。

異なり、約一七か月先までの税収見積もりを行なわなければならなくなる」と解説している。

また同氏の後任の高橋元《げん》主税局長は、「当時、それまでの税収の年度区分ですと、九月大法人調査をもとにした推計で翌年度の税収の五割がわかるといわれていましたが、五月分税収を取り込むと二割しかわからない」と述べている。

そのため、赤字決算に備えて、決算調整資金制度というものを昭和五二年度に法律で作って対応することとなった。

ちなみに変更の翌年度である昭和五四年度から平成二六年度までの三六年間について、税収合計と法人税収の当初予算と決算の関係を分析してみた。

表4—3の通り、三六年度中減収が一五年度、

表 4-3　昭和 54 年度～平成 26 年度（36 年間）
税収当初予算と決算の差額まとめ

	当初予算累計（A）（兆円）	決算累計（B）（兆円）	差額累計（C＝B－A）（兆円）	C / A（%）	標準偏差（%）
税収合計	1652.4	1634.5	-17.9	-1.1%	8.7%
内減収年度15 年の分	767.4	698.2	-69.2	-9.0%	
法人税収	442.5	432.9	-9.6	-2.2%	19.8%
内減収年度15 年の分	218.0	179.0	-39.1	-17.9%	

出所：筆者作成。

増収が二一年度と、必ずしも過大見積りバイアスがあったわけではない。増減収金額の累計も、法人税で九・六兆円、二・二%、税収合計で一七・九兆円、一・一%のネット減収と、結果的過大見積りではあるが、三六年間にしてはそう驚く数字ではない。問題はプラスにせよマイナスにせよ見積もりと決算の間の変動の大きさである。税収決算の当初予算に対する変動率の標準偏差は問題の法人税収で実に二割、これが響いて全体の税収でも一割近くに達している。恒常的過大見積りで後始末に追われるよりは遥かにマシではあるが、特例国債に依存している財政で、税の自然増収が出るのも好ましいことではない。本来なら予定している特例国債を減額すべきなのであるが、現実にはゆとりが出たような錯覚に陥って、これを不要不急の補正予算で使ってしまうというような気の緩みの原因となって、財政悪化に拍車をかけた。やはり健全な財政には正確な税収見積もりが不可欠であるのに、それを不可能にするような措置は適切でなかったということである。

第四節　消費税の算盤勘定はまだ赤字

一般消費税の挫折と財政再建決議

ところで、昭和五三年度の二・三兆円にも及ぶ税収年度帰属区分の変更や、その結果一五兆円超の国債発行にまで追い込まれた翌五四年度の予算編成に関わった当事者の念頭には当然、ここ一両年さえ凌げば一般消費税導入を含む歳入歳出両面での努力と景気回復による税収増で、遠からず特例国債から脱却できるとの目算があったに違いない。昭和五四年九月三日の臨時国会所信表明演説で大平総理は、国債の本格的償還が始まる六〇年度を控えた五九年度までに特例国債依存から脱却するとの財政再建目標を宣明した。

しかしながら、その直後の一〇月七日、総選挙で自民党が大敗、一般消費税は国会決議によりあわや将来にわたり葬り去られかねない危機に瀕した。竹下登大蔵大臣（竹下蔵相）の粘りで、同年一二月二一日に衆参両院で行なわれた財政再建決議は、なんとか次のような表現で決着した。

財政再建に関する決議

国民福祉充実に必要な歳入の安定的確保を図るとともに、財政によるインフレを防止するためには、財政再建は、緊急の課題である。

政府が閣議決定により昭和五五年度に、導入するための具体的方策として、これまで検討してきたいわゆる一般消費税（仮称）は、その仕組み、構造等につき十分国民の理解を得られなかった。従って財政再建は、一般消費税（仮称）によらず、先ず行政改革による経費の節減、歳出の節減合理化、税負担公平の確保、既存税制の見直し等を抜本的に推進することにより財源の充実を図るべきであり、今後、景気の維持、雇用の確保に十分留意しつつ、歳出、歳入にわたり幅広い観点から財政再建策の検討を進めるべきである。

右決議する

これで、当時企図されていた固有名詞としての「いわゆる一般消費税（仮称）」は否定されたものの、一般名詞としての大型間接税は否定を免れ、首の皮一枚残して長い眠りに就く（水野勝『税制改正五十年―回顧と展望―』二四二頁以下）。

平成元年度消費税導入

次いで、眠りから覚めた平成元年度の消費税導入を柱とする税制抜本改革について、国債に響く増減収効果に絞って紹介する。上記の財政再建決議を意識し、中曽根康弘内閣総理大臣は、早い段階から大型間接税は導入しないという答弁をしていたが、税制改正論議が俄然活発化した昭和六〇年の通常国会で、竹下蔵相の「国会決議で否定されたのはいわゆる一般消費税（仮称）である」という見解との関係が問題となり、「多段階、網羅的、普遍的で大規模な消費税を投網をかけるようなやり方はとらない」と整理された。同年九月二〇日の政府税調総会での税制抜本改革についての諮問は、「公平かつ公正な国民負担の実現、簡素（な）制度を目指し…取りまとめに当たっては、先ず、税負担の軽減、合理化のための方策について明らかにし、次いでその財源確保のための方策等…全体的方向について明らかにする」よう求め、総理から「抜本的見直しは、税収増を目的とするものではなく、また一方…税収減をもたらすものであってはならない」とのあいさつがあった。大平内閣の一般消費税の轍を踏まぬよう、この税制抜本改革論議はレベニュー・ニュートラル（増減税同額）、それも減税先行の形でスタートした。

昭和六二年春の通常国会に提出された税制抜本改革法案では、国税・地方税を通ずる平年度ベースで、減税が所得課税の減税二・七兆円、法人減税一・八兆円合計四・五兆円、増税が利子課税改正（マル優廃止など）一・六兆円、売上税の導入（五・八兆円）と既存間接税の整理（マイナス二・九兆円）

の差し引きネット増収二・九兆円の合計四・五兆円と増減税同額であり、しかも国・地方、初年度・平年度それぞれでレベニュー・ニュートラルが貫かれていた。しかしながら紆余曲折の結果、この抜本改革は結局廃案となった。それでも、所得減税の一部と若干緩和した利子課税改正を先行実施するネット〇・五兆円減税の所得税法等改正法案が同年九月に成立、レベニュー・ニュートラルは崩れた。

昭和六二年一一月に竹下内閣が発足、再挑戦となる税制抜本改革は、昭和六三年六月二八日閣議決定、半年にわたる国会審議を経て一二月二四日法案成立、平成元年四月一日から悲願の消費税が、税率三％で導入された。抜本改革全体の国地方を通ずる平年度増減収額は、増税が消費税導入（五・四兆円）と既存間接税の廃止等（マイナス三・四兆円）のネットで二兆円と、（マル優廃止など）課税適正化の一・二兆円で増税合計三・二兆円の一方、減税が所得減税三・一兆円、相続税減税〇・七兆円、法人減税一・八兆円の合計五・六兆円で、差し引き二・四兆円とかなり大きなネット減税となった。バブル景気で税収も好調であったため、この程度のネット減税はのみ込めると思われたのであろう。もとより、税制改革の意義は租税制度のあるべき姿を目指すことにあり、ネット減収だからといってその意義がいささかも薄れるものではないが、減税は後々の毎年度の税収に響くので、二五年間では累計六〇兆円の国債残高増要因となる。若干「高くついた」という感は否めない。

幻の国民福祉税から平成九年五％への引上げまで

バブル崩壊後の不況に対処して、先ず平成四年八月、五年四月、九月の三回にわたり、従来パターンの公共事業追加を主体とする総事業規模三〇兆円に及ぶ景気対策が決定された。しかしながら景気回復ははかばかしくなく、大型所得減税を求める声が高まって行った。一方税制のあり方という面からも「公平で活力ある高齢化社会」に向けて、直接税の比重を下げて間接税を増税するという改革の必要性が認識され、平成五年一一月一九日政府税制調査会は、「今後の税制のあり方についての答申」を提出した。その内容は、総じていえば、所得課税を減税、消費税を引き上げ、全体として国民負担の拡大を求める方向を示したものである。

この答申の方向を受けて、翌平成六年二月二日深夜、細川護熙内閣総理大臣は突如、六兆円の所得税等の減税と消費税（当時三％）の廃止と七％の国民福祉税創設を内容とする「税制改革草案」を記者発表した。

しかしながら、この草案は四面楚歌となって、まる一日で潰れ、二月四日には白紙撤回され、後には六兆円の先行減税が残った。

その後紆余曲折を経て、平成六年一一月、所得課税の三・五兆円先行減税と九年四月からの消費税率の二％引上げ、うち一％分は地方消費税として地方税収になる、さらに時限措置として所得課税で二兆円の特別減税という税制改革関連法案が成立した。国だけでみると僅か二二〇〇億円のネット増収であるだけでなく、所得税の特別減税一・三兆円を考慮すると一兆円以上のネット減収である。国地方を通じてみても、特別減税まで含めると三六〇〇億円のネット減収である。

平成八年の景気回復を見届けて、九年四月、予定通りの三％から五％への消費税率引上げと、一％分の地方消費税移行が実施された。最終的な算盤勘定は特別減税をどう扱うかで違ってくるが、特別減税は廃止されたり復活したりしたあげく、その後の小渕減税に吸収されたとみることができるので、やはりこれを含めて、国地方通じたベースでも減収、国だけでは一兆円を超すネット減収とみるのが正解であろう。さらにそれより大きいのは、六兆円の減税が先行した三年間、国債発行で繋いだため、六兆円の三年分、一八兆円の国債の増発が必要となった。その国債の元利払い負担もコストである。

税と社会保障の一体改革で一〇％に向けて

平成二六年四月からの八％への引上げで、一回の税制改正の効果としては、消費増税が初めてネット増収になった。国地方を通じたところでは、一％分が約二・七兆円なので、三％で約八兆円の増収となっている。ここから平成二五年一〇月一日に閣議決定された「消費税率及び地方消費税率の引上げとそれに伴う対応について」で決定された減税約一兆円と低所得者対策・子育て支援等の社会保障対策二兆円超（その一部は一〇％への引上げ時に実施）を差し引いても、ネット五兆円の増収となるので、この国地方を通ずるベースでは、同閣議決定中の一回限りの措置である五兆円の経済対策を別にすれば、これまでのネット赤字をほぼ取り戻しているかもしれない。しかし、三％の引上げ中、国の取り分は二％強、増収額にして五・五兆円で、減税のうちの国税分と社会保障対策を差し引くとネット増収は三兆円程度と、前二回の赤字にまだまだ届いていない。さらに以上の計算では国や地方公共団体が購入するものにかかる消費税の支払増をカウントしていないので、実際の赤字はさらに大きいであろう。

以上を総括すると、繰り返しになるが、税制改革は望ましい租税構造の実現という、税制自体の目的から行なわれるもので、増減額だけの問題ではないことはいうまでもない。ただそれにしても長い歳月、多大なエネルギーをかけ、何代もの内閣の命運を絶ったほどの政治的犠牲も払って実現した消費増税は、歳入歳出両面からのコストが思いのほか大きく、財政状況改善への寄与という算盤勘定だけからみると、今までのところの累計では、少なくとも国はまだ赤字だという計算になる。次の一〇％への引上げが、これを逆転させる仕上げになることが強く求められよう。

第五節　警告を発しなくなった市場

国債膨張を食い止められなかったもう一つの現実的な要因は、市場の消化能力からの歯止めがなくなってしまったことである。第二章でみたように、国債揺籃期には、国債の増発にシ団が反発し、常に国債減額への圧力となっていた。昭和五二、三年度の外圧による国債大増発は、その後国債暗黒時代を招き、これから脱却するための財政面での努力が、これに続くバブル期の濡れ手に粟の税収とも相俟って、財政再建を実現した。

やや脱線するが、平成二七年九月三〇日に財務省が財政制度審議会財政分科会に提出した資料も認めているように、このバブル期に気が緩んだのはかえすがえすも悔やまれる。本来ならこの時こそ、徹底的な緊縮財政で国債残高を絶対額で減少させる絶好のチャンスであった。それが、カネがあるという気の緩みで、当初予算もそれまでの厳しいスタンスが一変して安易な姿勢になったのに加え、惰性での補正予算での大盤振舞の追加もあった。昭和六一年五月の六兆円対策は、景気が底を打って上昇に転じた後での大規模景気対策で、バブルの火に油を注ぐ結果にさえなった。

皮肉なことに、国債暗黒時代脱却のために、財政面と並行して進められた国債消化面からの努力の奏功が、第三章で紹介した「国債火種論」が象徴するように、市場からの国債の歯止め効果を取り払ってしまった。バブル崩壊後の構造的不況下でこれが一層進んで、金融機関にとって国債にしか運用する先がないという、資金運用面での国債依存が顕著になっていった。財政の国債依存に続く金融機関の国債依存である。

もちろんこれは、資金不足経済からカネ余り経済への移行の結果ではある。しかし、平成元年からの日米構造協議で米側が主張した単純な貯蓄投資バランス論からいわれるような、「民間資金需要がないならそれを公共部門で吸収するのは当然だ」という論理は正しくない。貯蓄と投資がバランスをとるというのは、事後的に成り立つ恒等式に過ぎず、因果関係を示すものではない。目の前に国債という安易な運用対象がころがっていなければ、資本市場も金融機関も、もっと真剣に貸出先の育成・開拓に力を注ぎ、結果として将来の成長に繋がる民間の生産的部門に国民の貯蓄が流れたかもしれないのに、国債があるから財政赤字という非生産的な対象に貴重な国民の貯蓄が充てられた。こういう意味からも、先ず財政赤字が先行し、それを市場が追認するという経済が、将来の成長を阻害する不健全なものであることは論を俟たない。バブル崩壊後の一連の経済政策は、目の前の需要創出にとらわれ続けた余り、経済の長期的成長に対して決定的な誤りを犯したのだと思う。

その結果、国債残高の対GDP比が一〇〇％から急上昇し一五〇％を超えていくという中で、一〇年国債金利が低下を続け、〇・五％を下回るという、ついこの間までは世界でも奇跡的な現象がみられた（リーマンショック、ユーロ危機後の最近では世界の方がこうした異常状態に近づいている感があるが）。こうした状況下では国債の膨張に対して、市場からの警告は発せられず、歯止めも効かない。

そこへ、平成二五年四月からの異次元金融緩和が登場した。平成二六年一〇月の追加緩和、二八年一月のマイナス金利導入と続き、現在では、年間新規財源債発行額の倍以上の国債が日銀に買われ、市中保有の国債残高が絶対額で減少を続け、これによる国債需給の逼迫とマイナス金利政策による金利全般の低下とから、国債の市場金利はさらなる低下を続け、一〇年債までもマイナス金利という、従来の常識では全く考えられない現象が生じている。これにより財政規律がさらに緩む危険性も指摘されている。

このような市場が警告を発しなくなる危険に対し、黒田東彦日本銀行総裁はこれを十分認識し、機会あるごとに財政再建の緊要性を訴えている。しかし、これは財政政策の分野なので、いくら総裁が訴えても、肝心の政府が聞く耳を持たなければ効果はない。国債膨張に対して市場からの警告が発せられないような金融政策を採る以上は、財政は財政の側で、これに代わる効果的な別な歯止めを確立しなければならない。遺憾ながら現状はこの点不十分であるだけでなく、こういう問題意識にも欠けているような気がして、危ぶまれる。

第五章　財政は誰のものか、進むべき道

締めくくりの本章では、はじめの二節で、今にも迫っている財政破綻の危機とは取りも直さず国民生活の危機そのものであることを訴え、巷に流布する根拠なき楽観的俗説に反駁し、財政、ひいては日本経済への危機意識の共有と今後しばらく飲むべき苦い薬への理解を訴える。第三節は狂乱物価時代の実体験を踏まえた上で、「インフレで国債残高を帳消しにすればいいという『危険な幻想』」に反論する筆者のオリジナルな計数的シミュレーションである。その上で、第四節はこれまでのまとめとして、今日の財政破綻状態を招いた主たる原因として①ニクソン・ショック以来の円高恐怖症、②財政は自分たち国民のものという自覚に欠けた、受益は大きく・負担は軽くという財政赤字への依存体質と当面を糊塗し将来にツケを回した「悪智慧」、③大量の国債を円滑に消化するための努力の奏功が市場面からの国債膨張へのブレーキを失わせた皮肉を挙げ、ここから得られる将来への教訓を示唆する。最終第五節は進むべき道として、最大の成長戦略は貴重な国民の貯蓄を政府部門の赤字ファイナンスという富を生まない分野から解放して、民間企業や海外投資という富を生む分野に振り向けることであると説き、そのために当面なすべきことは、現実を直視して正しい危機意識を持ち、歴史的低金利の恩恵が続いているうちに一刻も早くＰＢ黒字化を実現するよう、正面からの努力を継続することであると訴える。

第一節　「財政は国民のもの」と訴えた福田赳夫大蔵大臣

財政は誰のものか？　言うまでもなく国民のものである。
明治生まれのお方の文章なので、やや古めかしく固いのはお許し願い、次の一文を引用させて頂く。

「財政・公経済というものは、いうまでもなく国民のものである。私どもが生活の余力をさいて、あるいは租税、あるいは貯蓄という形で共同の経済すなわち国家財政を形成し運営しているわけである。かつて私がロンドンの財務官事務所に派遣されていたころ（筆者注――昭和五年から）、イギリス国民がそのような意識を常に強く抱き、かつ財政の運営自体もそれに支えられて展開されていることを痛切に感じさせられていたものであるが、わが国では財政について責任と権利を持つという認識は、一般にそれほど深くない現状である。それは財政というものが、膨大にして複雑な仕組みと内容からなっていることにもよろうが、反面認識を深めるための努力が足らなかった点も痛感する」

これは、昭和四〇年度補正予算で戦後初めて国債を発行したのと時期を同じくして発行された大蔵省広報誌『ファイナンス』創刊号に掲載された、当時の福田蔵相による巻頭言の一部である。残念ながらわが国では、その後五〇年を経ても、まだこの指摘が通用する。

インターネットをはじめとして、ＰＲの媒体という面では格段の進歩があり、旧大蔵省、現財務省をはじめとする政府や各界の識者も、財政の現状や課題について、様々な手段で国民に訴える努力を続けてきたはずなのに、いまだに、国民一般に財政がわがものだという実感が支配しているようには見受けられない。これが今日の財政破綻状態を招いた究極の原因であろう。

第二節　財政破綻は国民生活の破綻

それでは、国の財政状況がこんなに深刻に悪いということが、われわれ国民の生活にとって今何か不都合があるのか、あるいは今ではなくても将来どんな危険があるのか、という点について考えてみたい。

企業でも、金融危機時の銀行でも同じことであるが、内情が債務超過で将来の存立見込みが立たなくなっても、お金が借りられて資金繰りが回っている間は破綻しない。必要なお金が借りられなくなった瞬間、債務不履行となり破綻、倒産する。

国も同じことである。国が必要とするお金は、年金や医療費の支払い、各種の工事代金、公務員の給料など色々あるが、待ったなしなのが、過去の借金である国債の返済である。これまでに発行された八〇〇兆円の国債にはそれぞれ償還期限がある。平均して年間七分の一の国債に償還期限がくる。返すお金はないから、大部分を借換債の発行で調達したお金で返済する。平成二七年度予算では、年度間一一六兆円の借換債発行が予定されており、予算の財源となっている国債発行額三七兆円よりはるかに大きい。日本政府の返済能力に決定的な不信感が高まるなど、何らかの理由によりこの借換債の発行が間に合わなくなると、その瞬間日本政府は債務不履行に陥り、その後まともな手段では市場からお金を借りられなくなる。これが財政の破綻である。

その後どうなるか、直後には国の義務的な支払いができなくなり、モラトリアム（支払猶予）状態の大混乱となろう。その混乱がどの程度続くかの見通しや、何が優先されるかにもよるが、先ずは公務員給与の遅配、各種代金の支払延期、さらに長引けば米国で実際にあったような政府機関の閉鎖や、行政サービスの停止、最悪には年金の支払停止にすらなりかねない。

最近の外国での事例をみる限り、現代ではこの混乱状態が放置されるとは考えられず、比較的速やかに関係者が集まって次なる対応策を協議することになろう。

国民生活に本当に響いてくるのは、その先である。家計にたとえれば、長年収入の五割増しから倍近い生活を借金頼りで続け、年収の一四年分、手取り収入の二〇年分もの借金を抱えたあげく、とうとう本当に返せなくなったというのだから、債権者がおいそれと借金の棒引きや貸増しに応じてくれるはずはない。市場がこれなら日本政府に貸しても返済に不安がないと納得するだけの対策が伴わなければ新たな借金は再開されない。具体的に想定することはしないが、大幅な支出削減と増税の組合せで、こうなる前に自主的に実行していれば済んだ対策よりは遥かに厳しい内容の財政再建計画が求められ、国民に窮乏を強いることは必至である。英国病末期の英国に北海石油が出たような天の恵みに期待するのは空しい。

そこでもう市場なんかに頼らない、日銀に頼ろう、という誘惑にかられるかもしれない。債務不履行の結果市場で付いている天文学的金利は無視して、平時の金利で日銀引受により必要な資金を(全部ではなくても)調達するという禁じ手である。この道はいつか来た道、国際信用の喪失、円の暴落、悪性インフレなど測り知れない混乱を招き、最終的には国民生活に壊滅的な打撃を与えるであろう。

「日本国債はアルゼンチンやギリシャと違って大部分が日本国内で保有されているのだから、心配ない」という無責任な論評をまま耳にする。確かに、債権者の大部分が日本人・日本企業であれば、交渉の進み方は早かろうということは考えられる。しかし本質は債権者が何国人であろうと変わらない。国債を持っている日本人が、「お国がそんなに苦しいなら、返して頂かなくて結構です」、あるいは国債を沢山持っている銀行の預金者が、「銀行が国債の棒引きをするのなら、その分私の預金は返さなくて結構です」というはずはない。それぞれ返してもらう前提での金融資産に貯蓄したのであって、愛国心を持ち出す話ではない（この点については本章第五節でさらに別の角度からも触れる）。

市場は気まぐれであるから、どんなきっかけで国債暴落、ひいては破綻が起こるか予測できない。しかし仮にそういう事態が起こったとしても、財政状況の実態がさほど悪くなく、持続可能な範囲にあれば、大した苦痛なしに再び市場の信頼を取り戻し、借入れが復活するであろう。逆にその時の状況が深刻であればあるほど、信頼回復のために求められる再建計画の要求水準、国民生活に強いる犠牲は苛酷なものとなろう。その意味でも、より望ましくはそのような破綻を起こさないためにも、今日の持続不可能な財政状況から一刻も早く脱却し、市場が日本国債の信頼を保ち続けられるような努力を重ねることが必須である。こうした意味でも財政は国民のもの、財政状況の改善は将来のわれわれの生活を守るための課題なのである。

第三節　「インフレで借金帳消し」は危険な幻想

国債残高負担を消す切り札は、インフレによる減価だという議論がある。かなりの人が本気でそう信じているフシがある。一時話題になったトマ・ピケティの『二一世紀の資本』にもそのような記述が再三出てくる。大変重要かつ深刻なテーマなので、ここで少し掘り下げてみることとする。

インフレといっても程度は様々であるが、ここでは、アベノミクスの目標の二％などというものではなく、債務帳消し期待論者が想定するようなハイパー・インフレーションか、少なくとも昭和四九年の狂乱物価（年率ピーク二五％）をさらに上回るようなインフレを念頭に考えてみたい。

確かに、終戦直後の日本（平成二七年九月三〇日財政制度等審議会財政分科会提出資料参照）、二度の大戦後のドイツ、戦間期のフランスなど、過去の膨大な政府債務がインフレで事実上消滅した実例は多々ある。もとより、このようなインフレが、不公平かつ政策的に望ましくない資産・所得の再配分をもたらし、経済社会の安定性を損ない、国民生活に深刻な悪影響を及ぼしたことはいうまでもない。そのことは当然とした上で、国の財政だけを考えた時に、累積した既往債務のリセットで、財政状況は改善するのか考える。その際、過去の例で政府債務が帳消しになったのは、いずれも戦争や革命などで前体制との連続性が断ち切られたか、歴史上英仏などで存在した永久公債が中心で、かつ金利が規制されていた時代であったことに注意を要する。

過去の例はさておいて、今日の民主的福祉国家体制が連続している下で、金利は市場で決まり、国債の借換えが必要だという条件下でもインフレが既存政府債務を帳消しにし、財政状況を改善すると期待できるのであろうか。

先ず、わが国財政の軌跡をたどれば、昭和四九年の狂乱物価（消費者物価上昇率月次ピークで二五％）後、財政が加速度的に悪化していったということは紛れもない事実であり、この時の状況を当時の筆者の実体験、実績数値も踏まえ、少し詳しく考証する。

主要な論点である国債費は後回しにして、ＰＢ対象の国の歳出は、大別して社会保障費、人件費と人件費以外の事業費である。社会保障費は、ほとんどの給付が物価スライドなので出口の社会保障給付費が消費者物価並みに増加する上、現状既往の積立金に一部依存している年金などについては、積立金の実質減価分が国の負担の上乗せになるので、社会保障費予算は物価上昇率以上に大幅に増加する。現に昭和五〇年度社会保障関係費は前年度比三五・八％とインフレ率より一〇ポイント以上も大きく増加した。人件費は、昭和四九年の人事院勧告による公務員ベア率は消費者物価上昇率を大幅に上回る二九・六％であった。その結果筆者が担当した人件費の塊の文部省予算は三五・五％の上昇を余儀なくされた。その他事業費は概ね当時の卸売物価指数三一・八％並みの上昇となった。

一方税収は累進構造の所得税、相続税などの個人課税諸税については物価調整減税が避けられないのでインフレ率以上の増収は期待できない上、従量税もあるので、租税弾性値は一を切る。そもそもそんな混乱した経済状況下では実質成長率はマイナスであろうから、名目ＧＤＰ成長率はインフレ率より低く、結果として税収の伸びはインフレ率をかなり下回る。となると単年度のＰＢ赤字はインフレ率より大幅に拡大する。

問題は国債費である。インフレによる国債残高の減価で元利払い負担が事実上消滅すると当て込んでも、そうは問屋がおろすかどうかは状況次第である。極端な仮定として、ある日夜が明けたら、突如物価が倍になっていて、それでインフレが終わり、あとはまた物価安定、低金利が続くというなら債務帳消しになろう。しかしそんな非現実的な想定をしてみても意味がない。現状と、現実的なインフレと金利の関係を前提にシミュレーションを試みる。

先ず、PBが赤字の下では、そもそも元本は返済されず、増え続けていくだけなので、インフレで帳面上債務残高の評価価値が減価しても、現実の支出として償還費負担が軽くなることはない。問題は金利であるが、今日の日本国債は永久公債ではなく、満期がくれば借換えが必要となる。インフレにより高騰する金利は、新規財源債だけでなく既存国債の借換債にも適用される。これが要（かなめ）である。

国債の平均残存期間が約七年であるから、毎年ほぼ残高の七分の一、現状では一〇〇兆円余ずつ既存国債の借換えが必要となる。この借換債には、当然インフレ下での新しい金利が適用される。この前提で現状の利払費をもとに試算すると、新しい金利が既往ピークの八・七％になると既往国債の残高加重平均金利は初年度でも二・五％と現状一・五％の一・七倍、ロクイチの流通金利ピークの一二％なら三％と二倍になり、七年後には残高全部が高金利物に入れ替わる。二五％インフレを考慮しても実質金利負担は大幅な増加である。しかも規制金利時代の当時と異なり、金利が市場で決まる今日、二五％インフレの下で金利は一二％では収まるまい。

以上要するに、①ＰＢが赤字で、②国債の借換えが必要で、③金利が市場で決まる、という状況の下では、インフレで国債負担が消せるというのは危険な幻想に過ぎないことを肝に銘じておく必要がある。

現代の市場では、インフレ懸念が生じた場合、おそらく現実のインフレに先駆けて金利の急上昇が起こるであろう。

ところで、筆者がいくらこう力説しても、マイナス金利政策の導入後一〇年債金利までがマイナスになっている現状では愈々切迫感が薄れているかもしれない。しかしマイナス金利政策などというのは所詮一時のショック療法に過ぎず、中長期に継続できるものではないし、仮に継続しようとすればどんなことになるのか（一部の経済主体に対する不公正な課税なのか、収奪なのか）想像するだに恐ろしい。これを前提に財政の長期的な姿を考えたりすればとんでもない結果を産むことは明らかであろう。マイナス金利の導入により、異次元金融緩和からの秩序ある出口の道筋は一層予想困難になってきているように懸念されるが、いずれにしても今日の異常状態に惑わされることなく、これまで述べてきたような財政の現状と展望を直視することが肝要である。

現に破綻寸前の財政状況の下で、当局者が万が一にでもインフレによる借金帳消しを期待し、これがその言動を通じて何となく市場に広まったら最後、本当に国債暴落、金利急騰、国債の借換えができないという事態が起こりかねない。

第四節　財政破綻状態を招いた主要な要因と教訓（まとめ）

第一章の財政制度と運用の現実でみたように、昭和二二年、憲法と相前後して施行された日本の財政法は世界にも冠たる厳しい財政節度を規定したもので、現に戦後二〇年間は均衡財政が、さらにその後五年間も節度ある財政運営が保たれていた。従って制度に欠陥があるわけではない。問題は運用にある。

第四章第一節にあるように、昭和四六年のニクソン・ショックで財政政策のスタンスが一八〇度転換され、すべてはここから始まった。

ニクソン・ショック以来の円高恐怖症

ただ既述の通り、ニクソン・ショックは戦後世界経済レジームの崩壊という歴史的大事件であるから、この時の日本財政の対応それ自体が誤りであったとはいえない。問題はその後の反復にある。

同節「数次にわたる財政再建努力挫折の元凶は対外要因」の項の表4—1「財政再建努力とその挫折」（一三五頁）で示している通り、財政の将来像への危機意識から、何度も財政再建努力が重ねられたが、これがことごとく挫折し、「禁煙に失敗した人が以前の倍のヘビースモーカーになるがごとく」、財政悪化が進んだ。多くの場合その背景には過度の円高恐怖症や外圧、国際化への対応の失敗などの対外要因から、ワンパターンな景気対策を三〇回以上も積み重ねてきたことがある。これをマクロ経済的に掘り下げて考えると、実力以下の円安を奇貨とした「濡れ手で粟」の外需を当たり前のように期待し、これが駄目なら財政で支えろという、本来サステイナブルでない需要水準を求め続けたない物ねだりの「他力依存・竹馬経済」であったといえよう。

これからの日本経済の課題は総需要の下支えではなく、技術革新や構造改革という産出力の強化であることを銘記し、目先の景況感や外圧にとらわれて財政再建努力を先延ばししたり、景気浮揚を狙って財政出動や減税を繰り返すのはもういい加減にやめなければならないというのが、ここから得られる教訓である。

受益と負担のアンバランスと将来へのツケ回し体質

原因の第二は、故大平正芳内閣総理大臣（大平総理）の持論であった「入るを計って、出ずるを制す」という財政の基本がどこかに置き忘れられ、「出ずるを図りて、入るを怠る」となってしまった受益と負担の構造的アンバランスである。

このうち、歳出面では、旧大蔵省以外の政府与党すべては予算獲得、つまり歳出増が手柄で、第四章第三節の「小さく産んで大きく育てる」で紹介したようなあらゆるテクニックを駆使して後年度巨額の財政負担となる制度を次々と導入するという力学が働いた。対する大蔵省の方も、毎年度予算を組まなければならないという宿命から万策尽きた結果とはいえ、「もう智慧を出してはいけない」という大平総理の遺訓に背いて数々の悪智慧を出して当面を糊塗し、負担の先送りを図り、結果的にこれを許してしまった。他方歳入面では、同章第四節で詳述した通り、大平内閣での一般消費税導入の挫折以来、消費税の創設・増税は難航を重ね、大規模な所得減税など見返りの負担が大きく、国の収支勘定という面からみれば未だに累計の差引き収支面では赤字であるという計算すら成り立つ。

ここからの教訓は、結局「財政は自分たちのもの」という国民意識の高まりに待つしかないということであるが、少なくとも新しい制度を導入するに当たって、これが将来平年化した暁にはどの程度の負担となるのか、税収がこれに耐えうるのかを厳しく検証し、不安がある場合にはこれを相殺する具体的な対応策とセットでなければ導入しないという慣行が必要であろう。先進諸外国で色々先例のある中期財政計画も一つの手段であるが、これには既定政策の既得権化の上に新規需要が積み重ねられ、かえって財政悪化を招きかねないなどの一長一短があり、諸外国の実績をみても必ずしもうまく機能していないので推奨できない。やはり「タダの政策はない。受益には負担が伴う」という当たり前のことが理解され、定着する〝百年河清を待つ〟しかないのであろう（本書がその一助となれば幸いである）。

関連して注意を喚起しておきたいのは、毎年度の剰余金についてである。年度途中で税収が予算の見積りを上回るいわゆる自然増収があったり、金利が予算の想定を下回ることにより利払費が少なくて済んだりしたことにより、何もしなければ剰余金が発生する。問題なのは、これを棚から牡丹餅の新規財源と錯覚して、補正予算で不要不急の経費に使ってしまうことである。かつての均衡財政時代ならこれは許される。しかし多額の国債、特に特例国債に依存している予算の下では、お金が余るなら特例国債の発行を予算より減額すべきなのである。いらないはずの借金をしておいてお金が余ったような錯覚を起こすのは大変な誤りであるのに、こうした慣行が常態化しているのは実に不健全といわざるをえない。財政法はこうした事態を防ぐために、税収の決算を見定めてから特例国債の発行額を確定できるよう措置しているのに、これが守られていない（拙稿「『剰余金』という錯覚」『週間金融財政事情』二〇一四年八月二五日号）。これも第一章でみた制度と運用のギャップの一つである。

市場からのブレーキの喪失

第二章で数々のエピソードを紹介した通り、国債発行草創期には、市場から国債増発へのブレーキがかかり、発行当局は散々苦労した。昭和五〇年度の国債大増発から国債暗黒時代を経て、大量の国債消化のために様々な工夫と努力が重ねられ、これが次第に功を奏し、国債が「飛ぶように売れる人気商品」に脱皮していった経過は第二章、第三章に詳述してきた。皮肉なことにこれが国債膨張への市場面からの歯止めを失わせ、国債残高膨張を許す一つの要因となったことについては、第四章第五節「警告を発しなくなった市場」で書いた通りである。

こうした変化は最近のことではなく、すでに昭和末期のバブル期からみられた始めた現象であるが、特にこの二〇年余、ゼロ金利から量的緩和、異次元緩和と先例のない金融緩和が長く続く中で、「国債消化能力」という概念すら死語になろうとしている。しかし、国債が借金であるという本質が変わったわけではない。借金である以上、期日がくれば返さなければならない。しかし国には返す金はほとんどないから、大部分は新たな借金をして前の借金を返す、つまり借換えをしなければならないということである。この借換えの分を含め貸してくれる人がいなければ借りられない。また、借金だから、貸し手が納得する金利（今は偶々マイナスであるとしても普通はプラスの金利）を払わなければならないというのが借金の本質である。

この借金であるという本質から忘れてはならない過去の重要な教訓について、繰り返しになるが、注意喚起しておきたい。

先ず、貸してくれる人がいなくなるという実例は、今でもアルゼンチンやギリシャなど世界ではしばしば起っているが、日本でも現にあったということである。第二章第三節で紹介した「休債」であり、筆者自身も経験した。国に貸したら返ってこないと皆に思われたら最後、日銀の金融緩和でいくらお金が出回っていたとしても、そのお金を国に貸してくれる人はいない。今は誰もそんな事態を想像していないようであるが、日本の国の財政の実情はアルゼンチンやギリシャと比べてもそう威張れる状態でないことは繰り返し述べた通りである。

第二は金利の恐ろしさである。個人でもサラ金、ヤミ金で破綻するのは金利負担からである。借金である以上信用力に不安があれば金利は急上昇する。第四章第二節のPB分析で説明した通り、国債残高はPB赤字（つまり収入以上に使ったお金）と過去の借金の金利分だけ増える。PBが赤字だということは、金利は全部追い貸しして貰った上に、まだ収入以上の支出をしているということで、個人や企業では考えられないことであるが、国は五〇数年中六年を除きこの状態であった。その相対的に良かった六年間を含む昭和五五年度から平成四年度までの一三年間、PBは差引きでほぼ均衡していたのに、金利負担だけで国債残高は一二〇兆円増え三倍に、GDP比でも一・五倍になった。昭和五五年度当時の国債残高のGDP比が三〇％弱であったのに対し、これが一五〇％を超えている現在、金利上昇による雪だるま式財政悪化の潜在的マグニチュードは当時と桁違いに大きいことを頭に置く必要がある。ごく控え目な前提での計数的な試算は同じ第四章第二節に示してある。

もう一つ付け加えると、高度情報化の下での金融技術の高度化などを背景とした金融資本市場の、暴力的ともいえる変動の激しさ（ボラティリティの高さ）が挙げられる。「市場が警告を発しなくなった」と書いたが、それは今日の一時的現象、昔の火山の分類でたとえると休火山なのであって、いったん何らかの理由で溜まっているマグマが活動を開始すると、破壊的結末をもたらす危険がある。第二章第二節のロクイチ騒動の項で書いた通り、溜まっているマグマの規模は過去と比較にならないほど大きいことを念頭に置きつつ、市場の暴力を招かないように、先手先手で信用を繋ぎとめておく努力が不可欠であろう。

第五節　進むべき道

最大の成長戦略は財政再建

アベノミクスの最大かつ究極の戦略は政府自身も認めるように、第三の矢とされている成長戦略による民間経済の再活性化である。もとより、潜在成長率を高めるためのきめ細かいミクロの成長戦略を積み重ねることも大切である。このためにも財政本来の機能が発揮できるような歳出構造の見直しも必要であろう。しかしながら、特効薬的な戦略がそう簡単にみつかるものでもない。これまで政府がまとめ、発表してきた膨大な成長戦略なるものの大半は、極言すれば各省の予算要求や言い古された規制緩和項目の羅列に過ぎないという面もある。真の成長戦略とは、いまだ一三〇〇兆円を超す家計純貯蓄を、新たな富を産み出す成長の原資として有効活用することである。といってもここで言いたいのは、「貯蓄から投資へ」というような貯蓄資金の運用対象・運用方法の話ではなく、マクロの構造の話である。

日銀の資金循環表が示すように、現状一三〇〇兆円以上ある家計の純貯蓄の過半は一般政府の債務に（統計の欠陥からこれが過小評価なので、実は貯蓄の大部分が）充てられている。判り易く言えば、国民は貯蓄があるつもりでいるが、それは回りまわって、将来何の富も産まず、最終的には自分の税金で元利を払うしかない政府債務に充てられている、つまり自分に貸しているだけの帳面上の貯蓄に過ぎないということである。

個人貯蓄が、政府債務から解放されて、収益を産む法人企業や海外純資産に回れば、国民の富が増える、すなわち経済が成長する。世上、財政出動を積極的に行ない、成長することで財政を再建するといった議論もあるが、そんな財政に依存した一時的成長が有害無益であることはこれまでの実績が示す通りである。話は逆で、実は財政改善こそが真の成長戦略なのである。

現実直視（年金財政再計算の悪例）と国民の理解

それでは、将来の国債暴落などという決定的財政破綻を未然に防止しつつ成長力を高める財政状況改善のために、当面何が急務か、何をしてはならないかを探ってみたい。

何をなすべきかについては、再三繰り返してきたように、ともかく消費税の引上げをきちんと実現した上で、さらに歳出削減、歳入確保努力を積み重ねて、市場の信認をつなぎとめていく以外に新たな決め手などない。

平成三二年度ＰＢ均衡目標は、消費税の一〇％への引上げだけでは足らず、容易なことではない上、それで終りでもないが、せめてこれだけは確実に実現されるという信認を維持し続け、本当に達成することが急務である。

国債残高ＧＤＰ比は、ＰＢ均衡の下で名目金利が名目ＧＤＰ成長率以下なら上昇しない。小泉内閣当時、この両者のどちらが高いとみるかについて論争があった。筆者は、規制金利時代の昔は別として、中長期的には名目金利の方が高いとみるのが素直だと考える。そうなると国債残高のＧＤＰ比を上昇させないためには、ＰＢは若干の黒字を続けなければならず、ハードルはさらに高くなる。

幸いアベノミクスの効果で歴史的低金利はさらに高進している。この間にできるだけ早くＰＢが均衡、黒字化されれば、国債のＧＤＰ比は大幅に低下し、あわよくば史上初の国債残高実額の減少すら期待できよう。地道な努力を積み重ね、ＰＢ黒字化を進める時間との闘いである。とはいっても、財務省のパンフレットにある通り、わが国の社会保障以外の歳出はすでに先進国中最低水準に低下しており、むしろ潜在成長率を高めるための触媒的機能を果たすために不足気味ですらある。そこで歳出面では社会保障（可能なら地方財政費で若干）の合理化、あとは国際的に低位な国民負担引き上げ以外、金目の稼げるものはない。いずれも痛みを伴うものであるから、国民に現実を直視して頂き、理解を得ることが不可欠である。過去年金財政再計算で繰り返したように、楽観的な見通しで当面を糊塗するのは、かえって政府の姿勢について市場の信認を失わせる。正攻法しかない。

なお第三節で、秩序ある出口の道筋は一層予想困難になってきていると述べたが、最後にこれについて若干付言しておく。これまでの新発債低金利は、新規財源債の倍にも及ぶ日銀の国債買入による極端な品薄という需給要因と、市場が二％インフレ目標実現を信じていないことによる異常現象である。将来もし、アベノミクスが成功して二％インフレが確実になりそうであるとの予測が支配し、テーパリングの段階に入った場合には、新発債金利は当然二％インフレと整合的な水準にまで上昇すると想定しておく必要があろう。避けるべきリスクは、その自然なパスから乖離して金利が跳ね上がることであり、その時の金融政策にはもちろん慎重かつ周到な舵取りが必要とされよう。それと並んで、あるいはそれ以上に大切なのは、日本財政の将来についての信認である。少々金利が上がってもＰＢの改善が奏功し、国債発行額はさほどは増えず、財政破綻の危機はないと、市場が信ずる環境にあることが必要である。

目先のマイナス金利で気を緩めるな

平成一五年春号の『建設業の経理』という雑誌に、四五年前に国が起こした、何とも悲惨かつ、お粗末な事故について要旨次のような随想を載せた。

「川崎市生田緑地の一角に、昭和四六年のある事故の犠牲者慰霊碑が、訪れる人も少なくひっそりと立っている。

科学技術庁がここで、関東ローム層台地が降雨で崩落する様子を研究したいと、崖に水をかけ、崩壊をビデオカメラなどで観察・記録する実験をしようとした。ところが机上で計算した量の水をかけても崖はびくともしない。さらに水を追加してもやはり崩れない。これでもか、これでもかと注水を続けるうちに、計画を大幅に上回る量の水が注がれた。瞬間崖が大きく膨張、予定を遥かに超える範囲が一瞬にして崩れ、泥流が研究者や報道陣を呑み込み、実験責任者はじめ多数の死傷者を出し、当時の国務大臣科学技術庁長官は引責辞任された。

バブル崩壊後の景気低迷に対し、この一〇年来、財政金融両面から空前のマグニチュードでの対策がとられ続けてきた。にもかかわらず景気の本格的回復に至らず、さらなるマクロ面での対策を求める声が今なお強い。

しかし、こんなことを続けていて本当に大丈夫なのであろうか。いつか崖崩れならぬバブルかインフレに突如襲われるのではないか。生田緑地を通るたびに心配になる。もっとも筆者がこの話をし始めてからもう二年になるが、そのような兆しは一向にみえないどころか逆のデフレ懸念が話題になっている。それでもこの痛ましい事故の教訓はどこか心に引っかかる」

この随想を書いてからさらに一三年経った。この間財政面では国債残高のGDP比が九〇%から一六〇%へと悪化し、特に金融政策面では多少の戻りを経つつもゼロ金利から、量的緩和、アベノミクスの異次元金融緩和、そしてさらにマイナス金利の導入とエスカレートしていった。それでも目標とする二%インフレは、いったん視野に入ったものの、また視界から消えてしまった。まさにこれでもかこれでもかと水を注いでも崖はビクともしないという現象がいまだに続いている。

これが正しい政策なのであろうか、というのが筆者の素朴な疑問である。

議論は色々ある。そもそも現状をデフレと決め付け、これからの脱却を至上命題とするのが本当に正しい判断なのか、というところから始まって、異常に高騰した原油価格が正常水準に復帰したことによる物価下落なのにも拘わらず、原油価格が一バーレル一〇〇ドル前後という異常時に掲げた二%インフレ目標にこだわり続けるのがまともな金融政策運営なのかという疑問、さらには金融政策の手段として、新規発行額を大幅に超えた金額の市中保有国債を買いまくることの正当性、より学問的には、選挙による国民の信任を受けていない中央銀行が、アベノミクスの量的質的緩和政策で、結果的には日銀の損失負担（日銀納付金の減少を通じて、結果的には国の負担）に於いて国債を高く買うという、一種の財政政策の分野に踏み込むことの適否や、ましてやマイナス金利という特定経済主体に対する課税にも等しい措置を実施することの正当性も問われるべきであろう。

しかし、本書の範囲を逸脱するこれらの興味尽きない論点はさておき、原点に立ち返って今緊急に最優先で必要とされる経済対策は何かと考えれば、それはこれまで本書で検証してきた通り、国民と金融資本市場の国の将来への不安を取り除き、安心して投資や消費できる環境をつくることである。

消費者の消費マインドが冷え切っているのは、必ずしも消費税増税のせいではない。漠然とではあっても、消費者、特に若い世代は、国の財政の将来に危機的不安を感じ、年金は貰えないであろうなどとの不確実性リスク感覚から、消費を手控えているのであり、これが今日のいわゆるデフレの元凶である。平成九年秋の金融危機を引金とする急激な景気後退も、一部の学者やマスコミが指摘するような同年四月の消費税率引上げが原因ではない。当時日本銀行で経済調査担当理事として、日々の経済をあらゆる統計資料や聞き込みなどから克明に追跡していた経験からいえば、決定的に影響したのは将来不安からの消費マインドの落ち込みであった。この経験からみても、今必要なのは国民のものである日本財政の将来に対する国民の不安を取り除くことであり、そのためには一刻も早いＰＢの均衡、黒字化こそが至上命題である。

現在の異常低金利が財政にとって好条件であることはいうまでもないが、それは同じＰＢ赤字の下での国債残高増加が小さくて済むということであって、ＰＢ赤字そのものを減少させるわけではない。これを誤解して、異常低金利による一時的金利負担を奇貨としてＰＢ改善努力を怠るようなことがあれば、異常低金利はかえって財政改善に悪影響をもたらしたということにすらなりかねない。歳出・歳入両面でＰＢ改善努力を続け、その中にあっても日本経済の生産性向上のための成長戦略に必要な財政の触媒的機能（カタリティック・ロール）が発揮される様、社会保障漬けからの脱却も図るという地道な方法以外に王道はないということを再度強調して筆を置く。

ま行

や行

ら行

わ行

た行

な行

は行

さ行

索引

【著者紹介】

米澤 潤一（よねざわ・じゅんいち）

昭和 38 年、東京大学法学部卒、大蔵省（現財務省）入省。主計局主計官、理財局国債課長、資金一課長、総務課長、同局次長、関税局長等を歴任。退官後日本銀行理事等を経て、平成 16 ～ 24 年（公財）金融情報システムセンター理事長。この間、政策研究大学院大学、同志社大学大学院等で客員教授・非常勤講師。著書・論文に『国債膨張の戦後史――1947 － 2013 現場からの証言』（きんざい、2013 年）など多数有り。

日本財政を斬る――国債マイナス金利に惑わされるな

2016 年 7 月 25 日　初版第 1 刷発行

著　者　米澤 潤一

発行者　上野 教信

発行所　蒼天社出版（株式会社　蒼天社）

101-0051　東京都千代田区神田神保町 3-25-11

電話　03-6272-5911　FAX　03-6272-5912

振替口座番号　00100-3-628586

印刷・製本所　シナノパブリッシングプレス

ISBN 978-4-901916-50-9 Printed in Japan

蒼天社出版経済関係図書

書名	執筆者	定価
米国経済白書 2016	萩原伸次郎監修・『米国経済白書』翻訳研究会訳	定価：本体 2,800 円 + 税
発展途上国の通貨統合	木村秀史 著	定価：本体 3,800 円 + 税
アメリカ国際資金フローの新潮流	前田 淳 著	定価：本体 3,800 円 + 税
元気な中小企業を育てる	村本 孜 著	定価：本体 2,700 円 + 税
中小企業支援・政策システム	村本 孜 著	定価：本体 6,800 円 + 税
揺れ動くユーロ 通貨・財政安定化への道	吉國眞一・小川英治・春井久志 編	定価：本体 2,800 円 + 税
カンリフ委員会審議記録全 3 巻	春井 久志・森 映雄 訳	定価：本体 89,000 円 + 税
システム危機の歴史的位相 ユーロとドルの危機が問いかけるもの	矢後和彦編 著	定価：本体 3,400 円 + 税
国際通貨制度論攷	島崎久彌 著	定価：本体 5,200 円 + 税
バーゼルプロセス 金融システム安定への挑戦	渡部 訓 著	定価：本体 3,200 円 + 税
銀行の罪と罰 ガバナンスと規制のバランスを求めて	野﨑浩成 著	定価：本体 1,800 円 + 税
現代証券取引の基礎知識	国際通貨研究所 糠谷英輝 編	定価：本体 2,400 円 + 税
国際決済銀行の 20 世紀	矢後和彦 著	定価：本体 3,800 円 + 税
サウンドマネー BIS と IMF を築いた男 ペール・ヤコブソン	吉國眞一・矢後和彦 監訳	定価：本体 4,500 円 + 税
多国籍金融機関のリテール戦略	長島芳枝 著	定価：本体 3,800 円 + 税
拡大するイスラーム金融	糠谷英輝 著	定価：本体 2,800 円 + 税
HSBC の挑戦	立脇和夫 著	定価：本体 1,800 円 + 税
国立国会図書館所蔵 GHQ/SCAP 文書目録　全 11 巻	荒 敬・内海愛子・林博史 編	定価：本体 420,000 円 + 税
外国銀行と日本	立脇和夫 著	定価：本体 3,200 円 + 税
グローバリゼーションと地域経済統合	村本 孜 監修	定価：本体 4,500 円 + 税
ユーロと国際通貨システム	田中素香・藤田誠一 編著	定価：本体 3,800 円 + 税